效率达人
让时间更值钱

周文斌 王蓓◎著

ZHEJIANG UNIVERSITY PRESS
浙江大学出版社

目　录

第**1**章
明确效率概念，走向成功

第**2**章
关于效率的误读

效率达人
让时间更值钱

第6章
高效率，先拓展能力

第7章
高效率，做好"大事情"

第8章
高效率，请勇敢拒绝

第 **9** 章

高效率，改掉坏习惯

第 **10** 章

效率达人的六种武器

很多企业家和企业管理者,他们建厂房、增添设备、招聘员工……总之,在资源许可的情况下,他们竭尽所能扩大规模,为的是获取最大化的利润。我曾经也这样做过,可是,结果往往不遂人愿。很多企业规模大了,效益却没有因此提升,其中的原因有很多,我无法逐一罗列。企业研究的专家们对此提出了很多有益的看法。我以为,最主要的原因是企业的内部运营方式和管理方法不得当,导致资源的利用率不高,甚至浪费了资源。也就是说,企业的效率不高。

其实,我们完全不必扩大组织的规

模,只要提升组织的效率,就可以实现利润的增长。举个例子,某企业一年生产 10000 件产品,通过一些方法,改进了生产效率,可以年产 20000 件产品了,这不就相当于在投入少量资源的情况下利润翻番吗?其意义相当于开了一家同等规模的分公司。

这就是效率的魔力!

对个人而言,道理也是一样的。最直接的体现就是生产型企业里的计件工人,A 每天组装 20 件成品,而 B 效率高,每天能组装 40 件成品,那么,B 的收入就是 A 的两倍。所以,提升个人收益的一个重要方法,就是提升效率。

当然,效率的含义绝非"多生产产品"这么简单。如果一味地致力于加快速度,那么,我们会因为疲劳而难以为继,甚至可能会"过劳死"。自古以来,中国的农民兄弟被认为是最勤劳的,他们起早贪黑,但收获并不丰硕。与那些先进的机械化、科学化和规模化的农业生产相比,他们的效率简直低得惊人。

真正高效率的人,能够生产极具价值的成果,同时也有充分的闲暇享受幸福生活。肯定有很多人对一个词相当陌生——"幸福"。我们将大量的时间和精力用于应付日常琐事,忙得晕头转向;我们周六、周日照常"营业",晚上 10 点多还在灯下忙工作;我们没有时间陪伴家人,没有时间度假、休闲……总之,我们忙得连思考"我们为什么而忙"的时间都没有了。最终,我们实现了目标,但丧失了幸福感。

可是仔细一想，"幸福"没有了，我们还有什么好忙的呢？我正是带着这些疑虑阅读本书的，最后，我在书里找到了满意的答案。

我很乐意为大家推荐这本书，因为"效率"无论是对个人还是对组织而言，都是至关重要的。我见识过很多的企业，尤其是那些机构冗余、人浮于事、缺乏有效管理的企业，它们因为自身的低效率而被淘汰。而与这些企业相反的是，一些充满了活力的高效企业，它们敏锐地觉察到市场的机会，并付诸迅捷的行动，抢占先机，最终取得了成功，成为行业的佼佼者。这样的例子真是不胜枚举。

一个真正的高效率人士，是非常令人羡慕的。他们卓有成效，却一点也不"忙"。事实上，"忙"从来就不意味着效率。真正的高效率是利用有限的时间和精力创造最大化的价值。所以，那些高效率人士总是从容不迫，在谈笑风生之间，就创造出了成果，而这些成果，可能是那些低效的人需要付出加倍的劳动才能获得的。

我与诸位一样，对那些高效率人士分外"眼红"，同时也希望自己能够加入他们的行列。这本书没有让我失望，再次推荐给大家，一起共勉。

华　敏

群峰教育集团董事长

从起床的那一刻起，一件又一件接踵而来的事情就让你应接不暇——做早饭；送孩子上学；赶公交车；电话接连不断地响起；上司布置的项目方案还没有动笔；工作邮件已经累积十多封没有回复；办公桌上堆积了一摞厚厚的文件，它们还没被妥善处理；部门会议即将召开，需要的材料你一项也没准备……很快就到了下班时间，你不得不把当天必须完成的任务装进公文包，晚上继续加班。总之，事情看上去永远没有做完的时候。

每当你总结工作的时候，总是非常失

望,因为在"成果"一项,几乎没什么可以填写。你对工作的成果感到羞愧不已,觉得压力重重,担心上司看到如此单薄的总结时会将你"炒鱿鱼"!时间稍纵即逝,在年终总结的时候,你悲哀地发现自己并没有取得显著的成就,生活没有因为忙碌而变得更幸福、更有意义。总之,你忙碌,但是成果寥寥。

忙,却不富有——这是低效率一族的写照。在工作和生活中,这样的人数不胜数!扪心自问,你自己是不是其中一员?

你是否正为不知道如何提高自己的收入而烦恼?有一种方法很简单,那就是提高效率!如果将工作效率提高一倍,意味着你将在相同的时间内创造多一倍的成果,你的收入理所当然就多一倍。

你是否整天忙得不可开交,连安静地享受一杯咖啡的时间都没有?有一种方法可以改变现状,那就是提升效率!如果你的效率提高了一倍,意味着本来需要一天时间才能完成的事情,现在只需要半天就可以完成了,你将拥有半天的闲暇享受咖啡。

你是否在月底或年底盘点成绩时,伤心地发现自己收获惨淡?有一种方法可以改变现状,那就是提升效率!高效率人士从来都是卓有成效的,他们坚信:"没有成果的付出是极大的浪费。"因此,他们宁愿舍弃,也不愿意从事那些没有价值的事情;他们将有限的时间和精力投资在能产生最大价值的事情上,创造令人羡慕的成果。

　　"效率"常常被人们提起,无论组织还是个人,也都越来越意识到效率的重要。然而,效率一词,在大多数人的脑海中只是一个模糊的概念。将"效率"挂在嘴边的人们,在行动上并没有兑现承诺。虽然我们有时候强烈地感觉到"时不我待",但这样的意识转瞬即逝,很快,我们又重回安逸、闲散、拖拉的现状,日复一日。

　　直到有一天,你蓦地发现,曾经和自己站在同一起跑线上的队友们一个个绝尘而去,遥遥领先;更可怕的是,后来者纷纷涌来,开始超越你。你一下子慌了神。

　　想要创造成果,获取收益,就必须投入资源,其中,最宝贵的资源是时间。

　　人们做任何一件事都需要耗费时间,而时间的流逝是不可挽回的。每个人每天都拥有而且只拥有 24 小时。然而,人们每天创造的成果千差万别,具体来讲,就是人们的日薪不同——有人"日进斗金",有人却寥寥无几。什么原因? 归根结底,还是因人们对时间的使用方式不同。

　　我初入职场的时候,也曾遭遇到严重的时间管理危机——成天忙乱不堪;没有目标;没有计划;拖拖拉拉;总得应付突发事件;常常被别人侵占自己的时间……总之,看似忙碌,却收效甚微。为了有所改善,我开始学习时间管理,并付诸实践,不断总结与提升。这些改变很快就给予了我回馈,我的工作变得有序起来,一切行动都指向了成果,我的收益成倍增长。更重要

的是,工作赋予了我成就感,这使得我干劲十足,动力不枯竭;我拥有了更多的闲暇用于陪伴家人、学习充电、享受生活。

很多人也许对这个词很陌生了——享受。越来越多的人感受到快节奏的生活给他们造成的压力,被时间裹挟着前行使他们身心疲惫。人们很难从忙碌的生活和工作中跳脱出来,喝一杯咖啡,或者悠然地沏一盏茶,慵懒地坐在窗前,忘记时间,享受宁静的生活。这样的场景近乎奢望,可是,如果生活中缺失了享受,我们究竟为什么而忙碌呢?

为了使行动卓有成效,为了增加收入,为了拥有更多的闲暇享受生活,请从现在开始就改变吧。一切还来得及。这也是笔者写作本书的初衷,希望该书分享的内容能够使您受益。

第 **1** 章

明确效率概念，走向成功

现代社会，工作和生活的节奏越来越快，"效率"一词频繁地被人们提起。然而，究竟什么是效率？效率有哪些特点？效率对于我们的生活和工作有哪些影响？恐怕只有正确地回答了这些问题，我们才能真正了解"效率"的含义。

了解你的效率现状

目标很多，最终实现的却寥寥无几；从来不制订切实可行的年度计划，总是遇到或想到什么事情才做；常常拖延工作，不能及时完成任务，工作的进度总是赶不上组织的要求；做事常常半途而废；别人一小时可以做完的事情，你却需要两小时；时常觉得事情又多又杂，毫无头绪，完全不知道先做什么，后做什么；闲暇大多用在了逛街、看电视、玩网络游戏上……

如果上面的绝大部分描述与你的实际情况相符，那么，几乎可以断定：你的效率低下！

【测一测】 我是不是效率低下①

为了进一步了解自己的"效率"现状，现在请回答下列问题。如果你回答"否"的次数远远多于"是"的次数，那么，一个残酷的事实是——你效率低下！

1. 我是否已经定下明确的远期、中期与近期目标？

---

① 摘引自王大庆：《35岁以前成功的12条黄金法则》，新华出版社，2004年版。

2. 每天开始工作之前, 我是否已编妥工作的先后次序?

3. 我是否把注意力集中于目标, 以成果而不是以工作量作为自我考核的依据?

4. 我是否每天都保留少量的时间制订计划, 并思考与工作有关的问题?

5. 我是否以工作的重要性而不是以其紧迫性作为编排行事优先次序的依据?

6. 我是否在自己精力最饱满的时间内做重要的事?

7. 我是否在心中铭记时间的货币价值?

8. 我今天是否为达成远期、中期或近期目标做过某些事?

9. 最近我是否终止了毫无益处的日常工作或例行活动?

10. 我的办公桌上是否没有摆放无用的资料及刊物?

11. 除了例外情况, 我是否在下班后对工作置之不理?

12. 当我面对许多需要解决的问题时, 我是否将精力主要用于解决重要的问题?

13. 我是否迫使自己迅速地作出一些微小的决策?

14. 我是否在获得关键性资料的第一时间就制定决策?

15. 我是否经常为自己及他人定下工作的完成时限?

16. 倘若需要加班, 而且可自由选择加班时间, 我是否宁可提早上班而不延迟下班?

17. 我是否真正能够控制自己的时间?

18. 我的行动是否取决于自己, 而不是取决于环境或他人?

19. 我是否面对现实, 思考现在需要做的事情, 而不是缅怀过去的成败或担心未来?

20. 我是否有时采取"封闭门户"政策以免工作受到他人

的干扰？

21.我是否有意地避免常见的干扰（如访客、会议、电话等）？

22.我是否试图对每一份文件只作一次的处理？

23.我是否尽量将电话集中在一起？在打电话之前是否先准备好相关的资料？

24.在我筹备会议之前，我是否先探寻取代会议的各种可行途径？

25.开会时我是否讲求技巧以增进会议的效率？

26.我是否在口袋中或手提包中，携带一些文件，以便在空余时间（如在等候室中、在火车或飞机上）处理？

27.在一天工作完结时，我是否自问：哪些工作无法按原定计划进行？无法按原定计划进行的原因何在？以后如何补救？

目标到成果的桥梁

没有人天生就效率卓越。当你意识到自己的效率低下时，即刻行动、提升效率，完全为时不晚。在采取行动之前，准确地认识"效率"的真谛至关重要。长久以来，我专注于"效率"的研究，发现许多人对"效率"的理解片面而狭隘，有些理解甚至是不正确的。正是这些不准确的理解严重地阻碍了他们提升效率的进程，甚至适得其反。因此，要提升效率，首先要做的就是准确地认识"效率"。

简单地说，工作就是设定目标并开展具体行动，最终取得成果的过程。任何一件工作或一项任务，无论大小、轻重，总是先设定目标，然后由主导者组织人力、物力、财力等展开行动，直到取得与目标相一致的成果。起点是目标，终点是成果，工作的过程就是克服前进路途中的障碍和困难，从起点抵达终点的过程。

越来越多的职场人士认识到设定目标的重要性，他们身体力行，自觉地用目标管理的方法来管理自己的工作。然而，设定了目标，就一定有成果吗？答案是否定的。

　　某分公司安排老赵前往 A 市进行青年人群手机消费的倾向性调查，这次调查将为总公司开发新的手机产品提供数据支持。A 市是华东地区最具代表性的城市之一，那里的消费倾向代表了市场的喜好程度。

　　老赵经过简单的准备就来到了 A 市，他在当地销售商的配合下，对每位来门店内观看、询问、了解和购买产品的年轻客户进行了调查。又经过几天的整理和分析，他完成了一份调查报告。

　　看起来，老赵已经很好地达成了设定的目标，但是，调查报告上交到总公司后没有得到任何采纳。

　　原因何在？因为老赵只是来到门店进行调查，却忽略了门店之外非常重要的购买途径——网购。这是年轻消费者普遍采用的购买方式。老赵的这份调查报告并不全面，甚至可以说非常狭窄，根本无法有效地体现出市场喜好度。因此，老赵并没有获得工作的成果。

　　完成了任务，并不意味着取得成果，因为成果必须是有价值的，是人们所期望的。老赵完成了任务，却没有取得成果，因为他的结果没有价值。

　　什么是成果？一言以蔽之，成果就是有价值的结果。具体来说，成果应该符合以下特征：

　　第一，成果是与目标相一致的结果。如果目标是在第一季度销售额达到 150 万元，结果却只有 140 万元，这不是成果。成果必须与目标完全一致。

　　第二，成果是切实解决问题的结果。上司让你去市场采购土豆，你到市场后发现土豆卖完了，就回来报告上司说："土豆卖完了。"这不是成果。成果必须是设法将土豆采购到。完成

任务不等于成果,只有切实地解决了问题,消除了障碍,才是成果。

第三,成果是百分之百完成的结果。田径运动员即使离终点只有一步之遥,但只要没撞到终点线,都不能算跑完了全程,当然也就不能计算成绩。很多工作正是因为最后一步没有做好,导致前功尽弃,枉费了心血。只有百分之百完成的结果,才是成果。

第四,成果是没有超过时间限制的结果。如果目标是用三个月的时间在公司内部推行绩效管理,结果却用了五个月的时间,这不是成果。任何目标都是有时间期限的,没有期限的目标就如同空头支票,不可能兑现;绝大多数目标一旦超出了时间期限,就变得毫无意义。

第五,成果是没有超出成本预算的结果。某公司举行会议营销,总预算是三万元,但由于成本控制的失败,实际花费五万多元,然而,这场会议营销的总收益不到六万元,加上人力成本之后,这次活动竟然是亏损的。显然,这不是成果。

效率是建立在成果的基础上的,没有成果,效率就无从谈起。没有成果,所有的资源投入都将付诸东流,造成资源和时间的浪费,这是最大的无效。很多人沉溺于忙碌,只有当自己忙起来的时候,他们的内心才会踏实,才会认为自己有价值。事实上,正是这样的想法导致很多人效率低下。忙碌从来都不意味着高效率,很多时候,人们盲目地忙碌,做的却都是没有价值或者价值很小的事情。最终,他们的成果寥寥,效率当然是很低的。

与他们截然相反的是,那些高效率人士,他们看上去并不忙,甚至可以说"很闲",他们总有时间读书、休闲、陪伴家人。

我们身边不乏这样的人。

华谊兄弟传媒股份有限公司的掌门人王中军在电视访谈中说，自己"每天睡觉睡到自然醒，二十多年来始终如此"，而且，他经常和朋友们骑马、打高尔夫球、下棋、晒太阳、品尝美食……身为公司的最高管理者，他竟然过着如此怡然自得的生活，简直羡煞人也！

日本畅销书作家胜间和代是三个孩子的母亲，她不仅要料理孩子的生活，包揽所有的家务，而且每周都要向媒体供稿。另外，她还是某研修班的学生，每周要参加一天的学习课程；同时，她每年还会出版2～4本畅销书。在很多人看来，她简直要忙得不可开交了，可事实上，她在其中穿梭得游刃有余，每周都有足够的时间逛街、美容以及安静地读书。

高效率人士，他们无时无刻不关注成果，所有的行动都紧密围绕着成果；那些与成果无关的事情被果断地舍弃。他们集中有限的时间和精力，用在最能够产出成果的事情上。

我们可以这样来定义效率：效率是成果与时间之比。

效率与成果成正比，与时间成反比。在相同的时间内，取得的成果越多，效率就越高，反之则越低；在取得相同成果的前提下，从目标抵达成果所耗费的时间越短，效率就越高，反之则越低。效率的本质是增加单位时间内的成果产出。

做正确的事而不仅是正确地做事

朝鲜战争结束后，美国一位著名的将领不无遗憾地说出了这样一句话："朝鲜战争，是美国政府在错误的时间、错误的地点和错误的对手进行的一场错误的战争。"

虽然美国政府为朝鲜战争动用了除原子弹以外几乎所有的先进武器，找到了十几个联合出兵的国家，花费了大量人力财力，但最终没有取得胜利。对于一向自视甚高的美国政府来说，这是一场无效的战争，没有达成任何成果。

其实，美国政府在当时没有正确地考量国际大环境，错误地估计了苏联、中国和朝鲜之间的关系，才导致他们作出了错误的选择。可以说，从一开始，这样的失误就决定了他们在这场战争中的无效。

商场如战场，想要具有高效率，在开展具体的行动之前，请不要"节约"观察和思考的时间，确保你做的事情是正确的，是可以最终取得成果的，否则，就果断放弃。

希望取得成果，就要从设定正确的目标开始。管理大师彼得·德鲁克曾说过，"做正确的事"比"正确地做事"更重要。"做正确的事"要求我们在做事之前就断定事情是否真的有必要做，也就是目标正确与否。如果我们做了一件不必要做的事，无疑会造成时间、精力和资源的浪费，这是最大的无效！

诞生于 20 世纪初期的福特 T 型车，以其物美价廉的优势和分期付款的创举，使汽车作为一种实用的代步和运输工具，走入寻常百姓家，福特汽车公司也因此取得巨大成功，一举成为汽车产业的巨头。然而，时间走到了 20 世纪 20 年代，美国经济获得了突飞猛进的高增长，居民收入大大提高，城市公路四通八达，消费者已经不再将汽车视为简单的实用工具，他们开始追求时尚和个性。简陋的 T 型车虽然价格价廉，但已不能吸引顾客，因此销售开始下降。然而，当时的福特汽车公司老板亨利·福特不愿面对市场新形势。1922 年，福特在公司年会上听到关于 T 型车需要根本改进的呼吁后，静坐了两小时，然后回答道："先生们，据我看，福特车的唯一缺点是我们造得不够快。"

与此同时，福特汽车公司的竞争对手——通用汽车公司却敏锐地把握住市场变化的脉搏，通过增加产品系列，以满足不同客户的不同需求。通用汽车公司时时刻刻注意汽车市场上的动向，不断创新，适时增加一些新颜色、新式样的汽车，而在福特的生产和经营观念中，这是十足的邪门歪道。福特汽车公司的高级职员敦促福特改变他的基本方针，以便更好地应付竞争，甚至福特的夫人也劝告福特不要再固执。但是福特拒绝了，他争辩道："我们希望造出某种永远能用下去的机器，我们希望买了一件我们产品的人永远不需要再买另一件。我们决不会做出使先前样式废弃不用的任何改进。"

他这样做的直接后果是他的大多数助手纷纷离去以及销售量的大幅度下降。到 1927 年,他把所有 34 家工厂关闭六个月,以便重新安排生产,但是关闭后整整有一年时间生产没有全面展开。到 1936 年,在轿车销售量方面,福特汽车屈居第三,排在通用和克莱斯勒之后。

福特汽车公司的衰落,正是由于其掌舵人对企业战略方向的把控严重错误。方向错了,付出再多的努力也难以抵达目的地。

选择合适的工具和路径

提高效率的主要方法，在于提升执行力。让自己的执行力有效和持续，才能对工作效率有积极影响。

执行力的提升受到客观因素的影响。其中，工具是非常重要的影响因素，所使用的工具不同，可能导致效率相差甚远。随着科技的发展，人们越来越深切地感受到科技带来的便捷和高效，原本需要辗转数天甚至更久的一封信件，现在只需要轻松地点击鼠标，瞬间就可以实现传递。

从目标通向成果的路径有很多条，虽然不同的路径或许都能够抵达目的地，但是由于路程的长短和崎岖凹凸的路况有所不同，耗费的时间和资源也就迥然有异。走对了路，可以顺风顺水，畅行无阻；反之，则艰难不堪，费时耗力。

因此，选择正确的路径，也是高效率的保障。

你或许见惯了半途而废的行动或项目，一旦遭遇很难解决的问题，或者由于周期过长，兴趣和耐心没有经受住时间的考验，人们常常选择放弃，使得行动无法持续下去。很多创业者

频繁更换项目,没有将一个项目做到盈利,造成资源的巨大浪费;还有很多职场新人频繁更换工作,很少真正在一个岗位上持续工作三年以上,结果花费了很多时间去"熟悉"不同的岗位,却连一个岗位也不"精通"。

总之,想要获取高效率,我们一定要选择恰当的工具和路径,同时还要付出持续的行动。

高效思维带来高附加值

具有高效思维的员工，总能够为组织带来"意外惊喜"，常常让同事和上司喜出望外。所谓高效思维，是指不以完成任务为目标，而是以创造更多的成果和价值为目标。

具有高效思维的人创造的这种惊喜，正是高附加值。

何谓高附加值？通常而言，成果使越多的人受益，就意味着附加值越大；反之则越小。例如，比尔·盖茨创办微软公司，向全世界的人们提供电脑操作系统和相关产品，极大地改进了人们的办公方式，使工作效率倍增。

另一方面，在有限的时间内，如果能专注于做最有价值的事情，并通过购买服务和产品来满足自身的其他需求，或将自身任务授权或委托他人来完成，你就可以创造出附加值更高的成果。优秀的组织管理者正是这种做法的典型，众所周知，组织运营的事务繁复而琐碎，身为管理者，不可能事事包揽。管理者需要集中有限的时间和精力，用于思考那些对组织而言最重要的事情，例如组织的未来发展方向、培养和引进人才、制订年度经营目标、完善组织的管理体系等。而对于那些并不十分重要、对组织的影响并不深刻和广泛，或者下属比自己做得更专业、更出色的事情，应该果断授权给下属。

效率和从容是可以兼得的 "鱼与熊掌"

现代人被时间裹挟着向前冲,很难放慢速度欣赏周边的风景,享受悠然、自得的幸福。人们习惯了忙碌,却对忙碌的目的和意义缺乏足够的思考。这样只会让我们陷入身心疲惫的境地,同时,也会让我们变得缺乏效率。

其实,效率和从容并不矛盾。有效率的员工,并不一定就每天忙忙碌碌、案牍劳形。正因为我们追求生活态度的从容,所以我们在面对工作时应该更加专心致志,集中注意力完成手头的工作。也正因为我们拥有了高效率,所以我们能够获得更多收入、闲暇,得到更多支持,从而有资格享受那一份淡定与从容。

效率和从容并非鱼和熊掌,两者可以兼得。

吴娟是一个三岁孩子的妈妈,同时也是一位职场女性。她创办了一家人气很高的女性网站,还是多家高校的客座讲师,主讲时间管理的课程,她每年要出版三四本畅销书……

很多像吴娟一样的女性,她们的时间总是不够用,不可能与"从容"沾上边。在别人眼中,吴娟也应该整天忙得不可开交。

　　吴娟自己却说:"朋友们周末常喊我逛街,我几乎不会令她们扫兴;我每天都有时间读书、陪孩子去公园散步,我一点也不觉得自己忙,我不会允许自己忙得无法享受生活。"

　　她是如何做到这点的? 吴娟会把自己一周的工作日程提前安排好,然后在新的一周按部就班地逐项完成,当遇到突发事情需要处理的时候,会适当地调整工作顺序。

　　我们究竟为了什么而追求效率? 答案是——从容的幸福!

　　人们承受忙碌和辛苦,最终的目的是希望能够获得幸福,而幸福的人生离不开从容。从容是对生活的驾驭——在午后慵懒的阳光下,不用为任何事操心,可以忽略时间,悠闲地品尝一杯咖啡,这是多么幸福的一件事啊!

　　效率绝不是玩命工作,那样只会损害身体的健康;而从容也并不是糊弄工作,高绩效是从容的基础。

　　人生的幸福是一种平衡。幸福犹如木桶中的水,木桶能够装得下多少水,取决于那块最短的板,当所有的板差不多长的时候,装的水才最多。效率和从容,正如硬币的两面:效率提高了,能够带给我们更多的闲暇;而从容的心态,有助于我们提高工作效率。

停止是为前进做准备

清晨,你跑到公交车站,恰好遇到公司的同事,还没来得及打招呼,满载的公交车就来了。于是,你拼命挤上公交车,耳边传来同事"等等"的喊声,你假装没听见,看着无奈的同事,他正焦急地向马路上张望。

但你的笑容很快就僵硬了,你看见他钻进一辆轿车,绝尘而去。

原来,同事的"等等"是让你等会上车,你的"小心思"使得自己失去了一次搭便车的机会。

生活中一件小事,为我们解释了效率的真谛:有时,停下来也是为了提高效率。

> 柴亮和何鹏同是广告公司的员工,柴亮做设计,而何鹏主要负责文职工作。
>
> 最近,何鹏经常抱怨,因为他总感觉自己勤恳踏实,加班加点工作,却似乎"吃力不讨好",不但没有得到领导的表扬,反而还因为一些小失误,常常被领导批评。而柴亮也没多拼命努力地工作,

却什么好事都落在他头上。

有一次，两个人在一起吃饭，何鹏问柴亮：为什么这样？

柴亮告诉何鹏说："工作是要努力，但很多工作也是有先后顺序和轻重缓急的，要以公司和团队的利益为重。比如说公司最近安排我去做一项新的设计工作，我就及时停止手里的工作，先把重要的事情做好。这样，工作才能够做得更有意义和价值。领导看的不是我们做了多少工作，而是我们取得了多少有价值的成果。"

柴亮这样做并不是投机取巧，他只不过是在工作中适当停下，看清自己的工作方向后再付诸行动。

停下是为了跑得更快。停下的时间，是你思考、学习、总结、创新的好机会，这对于提升效率至关重要。

【测一测】 我的时间管理能力

说明：本表帮助你认清自己的时间管理现状，请依照你的实际情况给自己打分：0表示完全符合；1表示非常相近；2表示偶尔这样；3表示从不这样。

序号	问题	得分
1	我的电话或手机总是不停地响，在大多数情况下，我都觉得自己没必要在闲谈上浪费那么多时间。	0 1 2 3
2	我的同事、客户、生意伙伴……他们总是有事找我，让我不得不停下自己手头上的工作去应付他们。	0 1 2 3
3	会议总是开不完，耗费时间不说，而且通常得不出任何实质性的结论。	0 1 2 3

効率达人
让时间更值钱

序号	问题	得分
4	跟很多人一样,我也有这种毛病——"拖"。一旦碰到那些耗时耗力又困难的工作,我就会采取拖延战术,不到最后一刻不动手。	0　1　2　3
5	我总是没有明确的时间安排,不知道自己该先做什么后做什么。只要工作一多,我就会同时周旋在好几件事情之间,不知不觉地被琐事弄得忙乱不堪,根本集中不了精力去处理那些最重要的事情。	0　1　2　3
6	我的时间根本由不得自己安排。要不就是要干的事情太多,即使有了安排也完成不了;要不就是有意想不到的事情突然发生,让我必须放下手头的工作去处理这些突发事件。结果,没有一件任务是提前完成的,所有事情都是在最后关头才得到相应的处理。	0　1　2　3
7	档案夹、记事本、报纸、杂志、文件,还有零散的各种纸张……我的办公桌上永远一片混乱,我每天都要用很多时间来找东西。我最缺乏的就是清晰的条理性。	0　1　2　3
8	沟通是我的一大问题。有时我会得不到自己想要的信息,有时与他人之间会出现误解,甚至还会发生争执。	0　1　2　3
9	任务的分配是一个大麻烦。别人的任务很多时候都会被指派到我的头上。	0　1　2　3
10	我总是不懂得拒绝别人的请求。其实我也很忙,连自己分内的活都干不完,但只要别人来找我,我还是会硬着头皮答应他们。	0　1　2　3

序号	问　题	得　分
11	我缺乏的是明确的目标。我经常会觉得自己干的事情毫无意义,根本不知道每天忙忙碌碌是为了什么。	0　1　2　3
12	我的自律能力很差。每次制订完计划,我都不能坚持按照计划行事,不能按时完成工作。	0　1　2　3
说明	0～17分:很可惜,你根本没有时间规划的概念,完全生活在别人的控制之中。因此,为了重新掌握生活的主动权,获得事业上的成功,时间管理对你来说就显得尤为重要了。 　　18～24分:尽管你已经尝试着规划时间,将时间安排得尽可能合理,但是,你仍然缺乏坚持不懈的毅力,因此不能长期地掌控自己的时间。 　　25～30分:你对时间的管理已经很不错了,但仍有进步的空间。继续加油! 　　31～36分:如果你如实回答了以上问题的话,那我真的要恭喜你! 你简直就是大家的榜样。请你向身边的人传授经验,与他们一同分享自己管理时间的心得。	

第 2 章

关于效率的误读

越来越多的职场人意识到提升效率的重要性，并且身体力行，学习各种方法来提升效率，但他们常常对效率产生各种各样的误读。这些误读当然不能帮助他们提高效率，甚至会适得其反，制约效率的提升。所以，本章将从解决关于效率的认识误区开始，向读者介绍有关效率提升的具体方法。

高效率≠工作 "速度第一"

在一个面向职场人的调查中,有这样一道题目:

你认为在下列四个因素中,提高哪一项能够更直接地影响效率?

A. 速度　　B. 方法　　C. 知识和能力　　D. 目标

调查结果显示,基层员工选择 A 项的占到了 70％以上,而随着职位的上升,选择 A 项的人递减。

公司的老板或高管并非不关注速度,只不过他们更关心方法、知识和能力,更关心设定的目标和工作的质量。但是,很多基层员工没有意识到这一点。结果,他们总是努力提高速度,以便尽快完成任务。

迷恋速度的小李认为,越快做完一件事就越有效率,也显得自己特别有能力。

在此意识驱动下,他对工作一再提速——草率地写完报告;三言两语沟通完一件事情;为穿过路口而不顾危险加大油门;狼吞虎咽地吃午饭;匆忙地从一家客户赶到另一家客户;没有认真思

考就随意作出决定……

但上司并不觉得他这样做是什么好习惯。

某次，上司把客户提出商讨的合同稿交给小李，让他研究合同中是否有不利于公司的内容。小李花了十分钟将合同浏览了一遍，交还给了上司说："我都看过了，没有问题。"然后去忙自己的业务计划去了。

一个小时后，上司一脸严肃地把合同扔在小李桌上。他惊讶地看着上司，原来，上司在合同中发现了四五个模棱两可的地方，这些问题很可能造成公司利益的损失。

小李满脸羞愧，上司语重心长地说："速度并不是我们衡量员工能力的最大标准，小李，我看你是走进效率的误区了。"

即使有一种魔法，能使你的行动速度提升 30%，你也许会在短时间内为速度的提升感到欣喜不已，但很快就会发现自己的状态没有发生改变，仍旧有做不完的事情在排队等候，仍旧无法从忙碌的困境中跳脱出来。唯一的变化是，由于每天可以完成更多的工作，你会更累。

为了避免出现这样的问题，我们应该对工作进行有意识的"限速"，保证工作完成的质量，不必再走"回头"路。

某企业新到一套精密切割金属零件的机器设备，该设备从国外进口，同该企业以往的设备有很大不同。为此，操作工轮流在机器上进行培训，为期一天，以熟悉性能和使用方法。

轮到老薛操作时，虽然他很快弄清楚了原理，但并不像其他人那样急于利用机器切割零件，而是有意放缓操作速度，同负责培训的工程师交换意见，两个人在机器操作平台边讨论起来。

其他人看到后评论说:"会用不就行了嘛,要知道那么多干吗,减缓自己赚钱的速度!"

不久,工程师走了,工人们开始独立操作起来。老薛的日产量迅速提高,收入也比别的工友高。大家好奇地问老薛怎么做到的,他神秘地一笑,说:"上次和工程师聊的时候,我启发颇深,后来自己琢磨了很久,终于发现这套机器的操作步骤还可以简化,能提高效率!"

"慢"是为了寻找更高效的方法,正是老薛的"慢",让他变得比其他同事"快"。高速并不代表着高效率,我们必须更科学地看待速度与效率的关系。具体包括以下三方面:

首先,提高关键环节的速度。工作过程中,关键环节的完成速度很大程度上决定着整体的效率。案例中,老薛之所以在机器的试用期并不着急提升速度,是为了把握关键环节,在关键环节上提升速度,进而提高整体的效率,所谓"磨刀不误砍柴工"。

其次,将速度保持在"安全范围"内。即使具有方程式赛车手那样娴熟的车技,也不要在高速公路上轻易超速。不是没有超速的技能,而是我们必须了解"安全范围"的意义。所谓"安全范围",是指在某个速度以内,可以保证工作成果百分百达成,尽可能地消减操作风险。

再次,必要时牺牲速度。某些特殊情况下,我们甚至需要牺牲速度来追求工作的高效率。比如,高要求、高标准、精细、复杂的任务,如果追求速度,就很容易带来操作失误。这种情况下,我们必须承担起责任,向同事、上级或者老板说明清楚原因,申请减缓速度。

高效率 ≠ 没有 "空白时间"

我们经常看到这样的情景：地铁里，上班族们频繁接听电话；午休的时候，白领们吃着饭，眼睛一眨不眨地盯着电脑屏幕……

这样不"留白"的时间，是否能带来高效率呢？

做任何工作，都要投入时间，没有任何工作不依靠这种资源，没有任何人可以无视这种资源。时间的性质又很独特，它无可取代，也无法贮存、购买或借用，更不可能随心所欲地调配。大部分上班族舍不得这样宝贵的资源"留白"。他们就像画家好不容易找到一张上好的宣纸，迫不及待地将整张纸涂满。可实际上，盲目涂满整张纸，不留空白，常常得不偿失。

助理打电话请示许经理："领导，明天我们要去机场迎接客户，您看我几点带车过来接您？"

许经理很有把握地说："客户这次坐的是 M 航空公司的班机，到我们这里从来都是晚点十分钟到半小时的，而且，明天不是工作日，外面不会堵车的。客户 9 点半到，你 9 点来接我足够了。"

　　助理在电话那边犹豫了一下，答应了。许经理挂了电话。

　　许经理有自己的算盘，他想，客户9点半来，我提前去机场也没什么用。早上七点半起来，洗漱、吃东西之后，还有一小时左右的时间，正好把要跟客户介绍的项目方案背一遍。许经理"准时"9点钟出门，然而，今天城市召开运动会，道路临时管制，偏偏M航空公司今天一分钟也没晚点……

　　许经理让客户在机场足足等了40分钟，等客户见到许经理的时候，脸色都不对了。许经理精心准备的项目方案，差点连展示的机会都没了。

　　许经理没有预留缓冲的时间，将日程安排得太过紧凑，也就是没有"留白"，导致他得罪了客户。他以为能控制好时间，但谁也无法确保各种因素都"恰不到好处"，因此，"留白"是为了让我们在遭遇突发情况时有时间采取补救措施。

　　无论是意外电话，或者是交通堵塞，抑或不速之客到访、老板心血来潮，往往都会"杀掉"你的工作时间，扰乱你的日程安排。倘若你不重视"空白时间"，不预留足够的余地，就可能因为突发情况而耽误重要的事情。

高效率 ≠ 解决 "所有问题"

　　有时候,职场如同潘多拉的魔盒,魔盒打开时,跳出各种各样麻烦,而希望则被牢牢压在最底下。

　　面对麻烦,负责任的工作者在执行的过程中不断发现和解决,并在此过程中推进工作,彰显个人能力。但即使如此,我们也不可能彻底消灭所有麻烦,没有麻烦的工作局面,不可能一直存在。

　　事必躬亲、鞠躬尽瘁的诸葛亮被后人所称颂,他的做法却未必值得推介。因为每件事都要自己过问,诸葛亮因操劳过度早早地离开了人世;而他的下属们也无法得到锻炼,致使偌大的蜀国竟然后继无才。

　　很多与诸葛亮工作风格类似的人,他们能力卓越,似乎没有什么事情可以难倒他们,也正因为此,他们不轻易相信别人,总要亲自过问每件事。直到有一天,他们被压力击垮,才意识到自己的时间和精力是有限的,不可能凭一己之力做完所有事。

　　亲自做完所有的事,意味着你不得不花费时间完成那些你不擅长、无法产出很大价值的事情。

　　将问题分类可以提升效率,我们需要及时将工作中遭遇的问题进行归类。当问题被归类以后,看起来错综复杂的局面将变得清晰起来,我们就能较轻松地逐个进行理清。

　　比如,我们可以把问题归结为以下几类:

　　人事问题——企业内部、和客户、和供货商、和合作方,平级、上级、下级;

　　资金问题——收入、支出、预算、现金流;

　　硬件问题——办公用品、运输用品、产品质量;

　　软件问题——工作方法、目标设定、过程管控、沟通。

　　其实,大多数职场中的麻烦无外乎以上这些,结合本单位特点,麻烦种类很容易进一步缩小,在碰到同样问题时,无论是自身复制解决方法,或者向下属传授解决方法,都是比较容易做到的事情。

　　解决问题的最好方法,是解决其根源。我们所看到的问题往往只是冰山的表象,根源是冰山埋在海下的那部分。

　　试着练就一双火眼金睛,学会一针见血看清问题。比如,当客户说"主要是价格问题"的时候,背后很可能是有打价格战的竞争对手在捣鬼;本来运转良好的渠道突然受到干扰,很可能是公司内部的人事变化引起的。

　　总之,不要被问题的表象所欺骗,学会寻找问题产生的根本原因,然后从根源上加以解决,才是高效率的做法。

高效率≠我是"最忙的人"

漫长宁静的农业社会时代中,中国人见面都用"吃了吗"表示相互关心。但今天在写字楼的走廊上,听到最多的招呼声是"忙吗",接下来则会听到一句响亮的回话"忙死了"。

彼此心照不宣的一问一答里,体现出许多白领的微妙心态:忙不仅是充实快乐的状态,同时也是体现自我价值的手段,似乎越忙的人就一定越重要。忙,成了骨干员工的代名词,成了高收入的代名词,成了"我正在努力"的代名词。

但我们也要清醒地看到,中国起码有几百万的白领,他们每天都在充实地"忙碌",但其中由"忙人"上升为"芒果人"(忙而有成果),最终成为"双高人"(高职位、高薪酬)的,为数极少。

大家都在忙,但是也有区别,这种区别最终体现在人们创造的成果上,有的人成果丰硕,而有的人成果寥寥。

有人写过两句打油诗:"你累或者不累,老板在那里,不喜不怒;你忙或者不忙,工资在那里,不增不减。"看来,忙并非成功的充分必要条件,忙本身没有价值,真正有价值的忙,是忙出成果,忙出绩效。

　　高效率的人，不仅要做"忙人"，更要做"会忙的人"，否则，"忙"将会变成"茫然"、"盲目"。

　　职场上，我们必须学会做一个"现实主义者"。因为时间是有限的，工作是无限的，我们不能用有限的时间，试图完成无限的工作。这种思路要求我们积极寻找有价值的任务，而不是坐等这些任务来找我们。

　　忙碌的过程应该是表现自己的过程，而不是埋没自己的过程。因此，在忙碌于工作时，应该明确展示尽可能多的才能，而并非一味追求"完成了任务"这种低层次的目标。换言之，在忙碌中，你要学会表演，大胆地向领导层"秀"出你的真实水平。

　　如果你是管理者，那么，让部属来分担你的责任就好，但你还是需要不断地激发他们，鼓舞士气，让他们和你"一同忙碌"。如果你是基层员工，那么，学会"管理"自己的领导是非常重要的。比如，及时向领导报告进展情况，提出解决困难的支持等。高效率的员工将领导视为自己的合作伙伴，充分运用领导的智慧、权力、人脉和其他资源。他们将领导拉进自己的阵营，让领导清楚自己所作的贡献。

高效率 ≠ 天天 "玩命干活"

"天道酬勤"被无数中国人奉为座右铭,挑灯夜战,节假日拒绝休息,加班是家常便饭,工作侵占了他们陪伴家人、休养生息、学习充电的时间。同时,在很多组织中,"勤劳"程度被视为付出、积极、上进、富有成效的象征,领导希望下属们早一点上班、晚一点离开,甚至将"勤劳程度"作为晋升和重用的主要依据。那些按时上下班、正常作息、偶尔休闲和娱乐的人们有可能被视为自甘堕落。

勤劳真的能致富吗? 能,但前提是找对方法! 方法错了,结果注定是"勤劳却不富有"。方法正确,则犹如找到了撬动财富的支点和杠杆。

爱迪生的一句话曾经被很多人奉为座右铭:"天才就是百分之一的灵感加上百分之九十九的汗水。"但是,这句话后面,爱迪生还说过一句:"没有那百分之一,一切都是枉然。"真正的"勤奋"并不等于"玩命干活",而要对自己有清醒的认识和正确的评价,设定科学的目标,付诸持之以恒的行动。

阿里巴巴集团的创始人马云，从小并不是玩命学习的孩子。他中考数学 31 分，高考数学 21 分，后来通过努力，才考上杭州师范学院外语系——还是本科没招满，按专科分数线录取的。

毕业之后，马云成了一名普通的教师。在一次对美国的访问中，他意外地接触到了电子商务，并将之定为自己一生努力的目标。

于是，在其他教师忙于"勤奋上课，勤奋改作业，勤奋带家教"时，马云辞去了公职，开始了自己的"勤奋"。最终，他成为了第一个走上美国《福布斯》杂志封面的中国人。

马云并不认为自己是活得特别累、特别玩命的企业家，他曾经做过一次特别有意思的演讲——

"世界上很多非常聪明并且受过高等教育的人，无法成功。就是因为他们从小就受到了错误的教育，他们养成了勤劳的'恶习'……

"世界上最厉害的餐饮企业——麦当劳，他的老板也是懒得出奇，懒得学习法国大餐的精美、懒得掌握中餐的复杂技巧，弄两片面包夹一块牛肉就卖，结果全世界都能看到那个'M'的标志。必胜客的老板，懒得把馅饼的馅装进去，直接撒在发面饼上就卖，结果大家管那叫'Pizza'。

"这样的例子太多了，我都懒得再说了。

"如果没有这些懒人，我们现在生活在什么样的环境里，我都懒得想!

"懒不是傻懒，如果你想少干，就要想出懒的方法，要懒出风格，懒出境界。像我从小就懒，连长肉都懒得长，这就是境界。"

其实，马云并不是懒人，没有哪个"懒人"能坐拥几百亿身家。他说的"懒"，是指放弃表面上的忙忙碌碌，先进行有效的

思考和判别,明确努力的方向。这种"懒",其实是真正富有效率的"勤劳"。今天勤奋,是为了明天能够摆脱各种杂务,从而获取更多的自由工作时间,得到更高的效率和价值。

乔丹从不觉得打篮球是在玩命,因为他享受其中,所以能成为篮球界的传说;杰克逊也从不觉得跳舞是在玩命,因为他陶醉在音乐里,所以他是流行音乐界的神话。当你将享受和努力融为一体时,效率也会变得越来越高。

不少人之所以"玩命"工作,有一个重要的原因是他们经常走"回头路"。

工作中难免出错吧?于是得回头改正。工作中难免有疏漏吧?于是重新来过。大量时间和精力花费在重复劳动上,激情一点点被磨灭,在反复操作的过程中,时间被一点点消耗。

如果在工作的最初阶段,我们就能尽量预见问题,我们又何致走这样的回头路呢?

第 **3** 章

高效率,先有高目标

2005 年,日本足协为当时稚嫩的日本足球设定了一个目标——在 2050 年之前,获得世界冠军!消息传出,日本国内一片惊讶之声,人们怎么也没想到足协会制订出这样的高目标。短短几年过去,2011 年,曾是鱼腩部队的日本女足,已经取得了世界杯冠军。日本足协的高目标,获得了神奇的高效率!

读者不妨扪心自问——我有制定高目标的勇气吗?如果没有,我拿什么激励自己获得高效率?

认清自我，不要麻醉要梦想

职场中，最可怕的不是外界的压力和困难，而是自我对现实的无视和逃避。

不少人在刚刚踏入职场时，曾经拥有高远的目标、澎湃的激情，幻想自己通过努力工作，可以迅速被"伯乐"发现，成为下一个励志书上的神话。但一两年的工作实践之后，他们已经被日复一日的平淡工作自我麻醉了。

什么是麻醉的工作状态？麻醉就是不再重视工作的长远意义，不再为自己设计目标，不再批判自己，一言以蔽之，工作者失去了"梦"。

台湾大众银行的一则著名广告，让无数人看了热泪盈眶。广告讲述的是真实事件，几个台湾垂暮老人，有的罹患癌症，有的得了关节炎，但他们依然骑上年轻时的机车环岛旅行，只为圆故友的梦想。广告告诉我们：人，靠什么活着？答案是：梦。

职场中，我们应该胸怀梦想，脚踏实地，以出世的态度，做入世的事情。失去了对工作高目标的追求，失去了梦想，不但

不会得到老板的欣赏,甚至连同事的尊敬也无法获得。

> 陶陶毕业以后,精心准备了公务员考试,结果一击而中,进入了某乡政府工作。
>
> 到了远离家乡的工作单位,陶陶一开始还能胸怀理想,希望自己的努力能得到上级肯定和发现,然后把自己调到县政府,最好还能上升到市政府。但一两年后,陶陶发现被提拔的可能性小到没有,于是,热情一点点冷却下来。
>
> 渐渐地,陶陶对待工作不是那么负责了,他成天想的是如何能少做点工作,多上网玩游戏。结果,某次他在办公室玩电脑的场景,被市政府的暗访组拍了下来,还在全市效能建设工作整风会议上播放,让整个乡政府狠狠丢了一次脸,陶陶自己也不得不做了深刻的检讨。他真的没有上调的可能了……

陶陶被看似平淡的工作所麻醉,一步步丧失了梦想,最终得到了自己不愿意看到的结果。

有梦想并不难,难的是在不容易实现梦想的岗位上,却依然能坚持梦想。梦想并不是玄而又玄的东西,再大的梦想,都要从眼前工作做起。

很多工作者之所以失去了原有的坚持,并不是受到了巨大的挫折,而是源于对平凡岗位的价值认识不清。由于长期从事重复性工作,他们从好奇走向平淡,最后走向无所谓。当工作者觉得自己的工作毫无价值的时候,又怎能希望他们会在平凡的岗位上,创造不同常人的高效率呢?

我们必须看到,无论是什么岗位,只要被设置,就必然有其价值。否则,企业何必设置这些岗位?不要总是计较自己究竟身处于什么样的岗位,把事情做好,就是对自己梦想的最大尊重。被誉为日本"经营之神"的松下幸之助曾说过,工作的价值不在于轰轰烈烈地办大事,而是将日常的小事做好,因为只要把小事做好了,就不会发生大事。大事越少越好,因为大事往往意味着问题和损失。

耐心,是实现梦想的必要条件。提高工作效率,需要工作者持之以恒的努力、艰苦卓绝的工作,而不是三天打鱼两天晒网的一时冲动。

突围！ 拥有自己的人生坐标！

　　"突围",并不是通过频繁的跳槽来解决人生效率不高的问题,而是指在心态上打破自我设限和束缚,改变长期在一个固定工作岗位上形成的心理懈怠,不断制订新的目标。具有挑战性的新目标能迅速提高你的工作热情,从而提升工作效率。

　　满足现状是可怕的,只有对现状不满,才有收获进步的可能。我们不应该只满足于目前还不错的收入,或者为目前还不错的职位洋洋自得。我们应该常常自问——如果换到更高的平台,比如世界500强公司,我还能够胜任吗？寻找自身的缺点是令人感到不快的事情,但想要获取高效率,这样的寻找必不可少。发现自身的缺点,不断提升自我、突破原来的自己,如此才会成就高效率。

　　文学家歌德说:"人生最重要的在于确立一个伟大的目标,并有决心实现它。"前苹果公司首席执行官乔布斯也说过:"活着就要改变世界。"每个人都应该树立人生目标,否则,我们将失去追寻的动力。为了实现人生目标,我们需要走很长的路,会绕弯、会倒退，虽然崎岖坎坷，但只要坚持不懈，一步一步地向前迈进，总有一天会抵达终点。

那么，怎样设定人生目标呢？

第一步，罗列出所有的梦想。

让自己静下心来，挖掘出那些深埋在心底的梦想。每个人都曾经拥有过不凡的梦想，可是，残酷的现实不断击打着梦想，最终你作出了妥协，满足于当下的现状。你在重新找回梦想的时候，千万不要被现实所束缚，一旦你陷入了"梦想能不能实现"的考虑之中，你就无法找到真正属于自己的梦想了。我们总是夸大了自己一年所能做的事情，却看轻了自己十年所能做的事情，尽情做梦吧，在这个阶段，你要相信：没有什么梦想是不能实现的！将你的梦想统统写在纸上。

第二步，选择对社会有价值的梦想。

现在纸上写着许多你的梦想，但它们并不都值得你持续地付出时间和精力。你现在需要在其中选择有价值的梦想作为持续经营的事业，为此，你必须遵循正确的取舍标准。

你首先应当遵循的就是"梦想对社会有价值"。从本质上来说，人与社会存在着这样一种关系：价值贡献和价值索取。当你呱呱坠地之后，享受着父母、老师及其他人为你提供的物质与精神生活，此时，你一直在向社会索取价值。直到你大学毕业，参加工作后，开始用自己的劳动为别人提供服务——恭喜你，你在向社会贡献价值了！

在现实生活中，人与社会的这种价值关系，具体体现在出售与购买、服务与被服务之中。你也许还没有意识到这种关系的存在，但透视它，对你今后的生活将具有重大意义。它告诉

我们,如果我们想要取得卓越的成就,就必须立足于向社会贡献价值。

作为人生目标的梦想,必须能为社会提供价值。现在,你要做的就是将那些无法向社会提供价值的梦想果断删去。因为它们不会向社会贡献价值,也就不会为你带来回报。

第三步,选择与自己兴趣相符的目标。

没有人会长期从事自己不感兴趣的工作,尤其是当你选择人生目标时,兴趣是不得不关注的重要因素。如果你对自己的工作充满了浓厚的兴趣,那么你就会产生源源不断的热情,可以忍受寂寞,可以忽略回报,甚至不惜付出任何代价。可以说,兴趣是促使人追寻目标的巨大动力。因此,你所选择的人生目标,必须是你非常感兴趣的,是你心甘情愿为之付出的。

第四步,选择自己擅长的事情。

不擅长的事情,即使努力也未必能创造成果。成功的秘诀不在于战胜自己所有的弱点!只有专注于某一领域的人,才能最大限度地发掘自身的潜力,打造自己的核心竞争力。

选择自己擅长的事情,在那些容易产生成果的事情上投入时间和精力,这是选择目标需要遵循的又一个原则。值得注意的是,很多人擅长的领域太过狭小,造成了过剩投资,也就是说,投资和收获达不到适当的比例,这是必须避免的情况。如何判断你是否在自己局限的领域做过剩的投资呢?只要观察单位时间所创造的成果即可。假设你将所有的时间和精力用于古典文献的研究,这种研究却不能给你带来足以保障生活的收入,那么,你就应当考虑拓展自己擅长的领域了。

现在,请你删去那些不擅长的目标。

到此,你是否发现存留在纸上的目标寥寥无几? 你只需要挑出最符合上述标准的那个,它就是你的人生目标了! 也许,你的纸上一个目标也没有留下,你也不必沮丧,这完全是正常的。寻找到人生的目标绝非一件容易的事情,绝大多数人都要花费数年的时间来找寻人生目标。你需要做的就是重新思考,不断重复上述过程,总有一天,你会找到真正属于你自己的那个"它"!

寻找工作的意义

每天早晨,闹铃将你从床上拉起,你是浑身充满干劲,还是感到对于上班的逃避和失落?

非洲草原,夕阳西下,羚羊想的是明天我要跑得更快以逃避狮子,狮子想的是明天我要跑得更快以捕捉羚羊。

人亦如此,工作一旦失去目标,必然会进入一个毫无头绪的状态。因此,我们必须想清楚自己为何工作。

最近,担任报社记者的小童陷入了职业的迷茫期。

上学时,小童学的是新闻专业,他最崇拜的人,不是出生入死于战地拍摄的普利策奖获得者,就是勇敢揭发水门事件的舆论英雄。小童的理想是成为报社的首席记者。

大学毕业,小童进入报社,但现实给了他一次又一次重重的打击。

小童将自己的苦恼和前辈老徐说了,他说:"原以为记者应该是轰轰烈烈的,没想到,做这种报纸的新闻,每天不是写菜市场的价格,就是写市容建设,或者写孩子上学,这不都是些鸡毛蒜皮的小事情吗？我一坐到电脑面前就犯困！更不用说去采访大爷大妈了！"

老徐严肃地说道："小伙子，你并不懂新闻是做什么的。新闻不是为你服务的，也不是为创造英雄而服务的，需要你服务的对象，是普通的社会百姓。他们的事情虽然看起来不起眼，却充满了意义，这也是你工作的价值所在。"

工作的目标不一定非要崇高而伟大，只要能满足更多人的需要，你的工作就有意义。你的工作不仅影响着自己和企业的发展，也对社会产生着影响。

无论何时何地，当我们在谈论工作时，尽量少说"我为……做"或者"……让我做"这样的话语。因为这些话语传达出被动的含义，潜台词是"我被迫做……"。这样的潜台词是对效率的无情谋杀，将让你变得平庸不堪。

高目标诞生差距感

差距感对于职场中人,如同一把双刃剑:用好,风生水起;用错,英雄气短。恰如其分的差距感能够让你树立更高的目标。差距感能让你看见自己和别人的不同,可以帮助你改变自满和骄傲的不良心态。差距感并不是自卑,适当的差距感,基于对他人和自我的正确认识,找到别人的优点,对比自己的缺点;差距感也不是嫉妒,嫉妒是对优秀者的无端反感。适当的差距感形成的是一种健康的模仿、学习和竞赛的动力,帮助我们自我提高。

给自己一定的差距感吧!没有差距感的人,很难看清自己的位置,他只看得见周围的漫漫黄沙,看不见金字塔顶端那绚烂的阳光。

潘俊在某房产公司的销售中心工作,经过一年的磨砺,加上自己勤于学习,潘俊已经成为公司的销售骨干。

听惯了上级的表扬和同事的羡慕,潘俊自己也洋洋得意,他觉得自己工作能力的确很强,再这么做下去,迟早将成为业界精英。

这么想着,潘俊工作也松懈下来,没有之前那么用心了。

领导敏锐地发现了潘俊身上逐渐冒出来的"傲气",于是派他代表公司参加在沿海某省举办的行业会议。会议间隙,潘俊认识了坐在身边的一位小姑娘,她看起来年纪轻轻,似乎是走出学校没多久的大学生。潘俊于是处处以大哥自居,经常炫耀自己的销售业绩。小姑娘对此也不表态,只是微笑。

会议结束的当天晚上,与会代表举行晚宴。宴会前,主持人先致开场白,然后邀请行业著名的H集团销售员工致辞。主持人介绍说,这位销售员工每个月能卖出几百万元甚至上千万元的房子。

潘俊心想,不知道这位同仁究竟是何方神圣?等对方站到讲台前,他愣住了。原来,该"神圣"正是开会时坐在他身旁的那个貌不惊人的姑娘。

很多人长期在自己的工作环境中呼风唤雨、撒豆成兵,产生盲目的优越感不足为奇。他们觉得自己已经取得了卓越的成绩和地位,不用再努力了,现有成绩已经够自己享受的了。

这种工作心态会大大降低效率。只有当我们转换比较对象,认识到自己和最高水平的差距,才会把自己看得更轻,从而飞得更高。

某位在广州事业刚刚起步的商人A先生,接待了从东北老家来就业的一位侄子。

侄子第一次到这样的大城市,对什么都感到新奇,走在马路上,都感到难以抑制的兴奋。A先生非常理解他的感受,于是带着他转了好几家广州的大商厦,驻足在各种各样的奢侈品前观望。在珠光宝气的商品前,侄子的眼中露出艳羡的目光。

中午,A先生特意带侄子到著名的白天鹅宾馆西餐厅,请侄子吃了顿大餐。侄子不解地问:"叔,你也不是很有钱,干吗挑这么好的地方。我们随便找个馆子吃吃不就行了嘛?"

A先生严肃地看着侄子说:"是的,我平时接待客户也不来这里,但这里对于成功人士来说,也不过是最普通的地方。所以今天,我带你来感受下他们的生活氛围,只是为自己、为你上一堂课——找到我们的差距,记好我们的努力目标。"

侄子陷入了沉思,诚然,这种生活是他在老家的热炕头上喝着地瓜酒时从没想过的。他似乎感觉到了什么,从此在工作中一直保持着超越他人的高效率。

没有差距感,人们很容易满足于温饱、闲适的生活状态,又如何成就高效率呢?

差距感让人不适,但是,积极的员工会把差距感当成工作的动力。为了消除落后于他人的不适感,他们会积极地采取方法,提升工作效率。

如果只是将比较的范围局限于自己的一亩三分地,眼界就太狭隘了。行业犹如大海,企业只是一艘船,因此,当你感觉自己在船上忙忙碌碌、茫然若失时,不妨把眼光投向更远处,到广袤的行业中去寻找自己的差距。

打破瓶颈，世界会更美

每天循规蹈矩的上班过程中，工作者经常意识不到自身知识、能力和资源的不足——在大部分的工作时间中，工作者碰到的问题似乎都不难解决，甚至根本看不到有什么困难的。但是，表面轻松，恰恰掩盖了背后的危机，当真正的问题出现时，很有可能因为你无法打破瓶颈、凸显实力，而导致工作效率的急剧下降。

效率的提高，受到诸多因素的影响，哪怕我们具备了99％的条件，但仅仅因为1％的缺失，效率也未见得会有什么明显的改变。所以，消弭"特短"、打破瓶颈，是提高效率的关键。

> 肖白以前在总公司负责当地市场的拓展。最近被调到邻市的分公司来。
>
> 分公司人数不多，单位仅有的一辆车是上司自己在开。肖白不会开车，为了拜访客户，只好跑很远的路，其间换乘公交车的时间占据了大部分，有时甚至因此迟到。于是，上司希望肖白尽快学会开车。

肖白销售能力很强,但是驾驶技术成问题,连考了两次都没有通过,由于忙于业务,他又很少去练习,结果,信心越来越消减了。第三次考试,肖白又失败了。上司听了结果,默默地坐在椅子上……

不久,上司遗憾地打报告请总公司调回了肖白,另派一名会驾驶的销售员过来。

现代社会要求"T"字型的人才,即什么都懂一点,又在某一项上擅长。假如"T"字那一横发生了断裂,那么,擅长的那一竖也就无从立足了。

肖白的销售能力可以算一流,但是因为不会开车这件"小事"而极大地降低了效率。要提升效率,他必须突破自己的瓶颈,宁可牺牲一点业务,也要学会开车。

打破瓶颈,效率才会提高,及时抓住影响效率的"凶手",才能从治标走向治本。

刘新,资产1.9亿元,"小土豆"餐饮有限公司创始人,在全国有百余家连锁店。

刚刚创业时期,刘新选择了东北的特产小土豆进行特色餐饮投资。一开始,自己家的门店生意很好,但是货源不足,刘新敏感地看到问题所在,他决定自己投资种植小土豆。这下,妻子担心起来,说:"我们赚了上百万了,何必冒险种这个,还是算了吧。"刘新不同意,他说:"单靠农民种植,货源完全不能保证,如果不打破这个瓶颈,事业很难继续下去。"于是,他果断投资,最终成功。

不久之后,"小土豆"餐饮成立公司,刘新觉得只在北方发展不够,要向南方发展。下属劝他说:"南方人吃不惯这个。"刘新笑着说:"只在东北成功不行,我要打破地域的瓶颈,把生意做到全国。"他把小土豆的分店开到济南,并且挂出免费三天的招牌,最终,泉城人接受了小土豆。

刘新从一个普通的大排档老板,做到资产上亿的成功商人,仅仅十年不到的时间,他靠的不是关系、资本和背景,神奇的效率来自一点——不断发现自己事业上的瓶颈,并千方百计打破。

目前的工作效率看似很高,并不代表永远如此。正如同肖白不会开车的弱点,在总公司并没有表现出来,但到新的工作环境中,瓶颈就充分暴露,阻碍了效率的提升。所以,工作能力既要"专",又要不断地拓展新的能力领域。职场人如果过分依赖某一项工作能力,忽视其他方面的提高,迟早会在效率上升的道路中遇到阻碍。

打破瓶颈,要针对具体问题,采取不同方法。比如,技能上的瓶颈,要通过练习,通过熟练操作来打破;认识上的瓶颈,可以通过接触他人、阅读书籍和调整心态来打破;资源上的瓶颈,应该通过拓展人脉、增长见识来打破。

要取得成果，目标必须"正确"

真正的高效率，必须改变目标的"无用"情况，也就是说，我们必须确保目标的正确性。高效率的职场人士，能够从成果出发，正确地设定工作目标，确保能够达成有价值的结果。很多目标之所以无法实现，是因为它们根本就不是正确的目标。

那么，什么样的目标才是正确的呢？

第一，正确的目标必须是具体的。

目标设定的时候，需要明确规定责任人、工作量、截止日期、资源等，越具体的目标越容易实现。比如你希望提高薪水，那么为了加薪需要付出怎样的努力？实现目标的过程中可能会遭遇哪些难题？这些难题可以通过哪些方式得到解决？有没有人或组织对实现这个目标有所帮助？……这样具体地设定目标，你就会清楚为了实现目标，自己该做什么。

第二，正确的目标必须是可衡量的。

目标设定绝不该使用空洞的形容词。诸如"我要成为一名杰出的经管作家"，"我要腾出更多的时间陪伴家人"，"我要在新的一年内取得出色的销售业绩"的目标很难判定是否实现了，因为"杰出"、"更多"、"出色"是不可衡量的。设定目标需要对结果进行量化，具体是指：运用精确的数字对结果进行描述，如"我要创作 3 本字数为 10 万字的管理著作"；运用形态定语对结果进行描述，如"我要买一套三室两厅、面积 200 平方米的房子"。

第三，正确的目标必须是有挑战但可实现的。

没有丝毫挑战性的目标，好比一伸手就可以够到的桃子，对行动不产生任何激励作用；而遥不可及的目标只会令自己望而生畏、丧失信心。因此，正确的目标应当是"跳一跳才可以够到的桃子"。

第四，正确的目标必须是积极的。

设定目标的意义在于激励自己进步，因此，目标必须是积极的。设定目标的时候，应当尽力避免使用含有否定意味的词语，诸如"不再"、"不能"、"没有"、"绝不"等。给目标换一个积极的描述，具体而言，就是"不要说自己不想怎么样，而要说自己希望怎么样"。如下表所示：

消　极	积　极
我不想再做一个优柔寡断的人了。 我不想无止境地被别人打扰了。 我不能再让闲暇时间白白浪费了。 我绝不会再迟到。	我遇事要果断决策。 我要对别人的无理请求说"不"。 我要利用闲暇时间学习和运动。 我要准时赴约。

第五，正确的目标是平衡的。

很多人的幸福关键词只有"事业"，他们觉得，只有事业辉煌，才会赢得幸福的人生。事实上，事业仅是人生的一部分，绝不是全部，平衡的生活包括以下四方面：

家庭与社会交际	家庭、朋友、社会认同
事业与成就	成功
健康	饮食营养、体力充沛、放松解压、精神状态
人生的意义与价值	自我实现、心理满足、信仰、哲学思考、关于未来的设想

　　家庭、事业、健康、友情等,都是人生不可或缺的部分,缺少了这些内容,人生的构成是不完整的,因而幸福也不会降临。所以,目标的设定应当遵循平衡和谐的原则,换言之,目标的设定应当兼顾人生的各个部分,不过分倚重某一方面,也不完全忽略其他方面。

【小贴士】有效目标与无效目标对照①

无效目标	有效目标
我要多做家务。	从明天起,每天午饭后洗碗、拖地、清理卫生间。此外,给阳台上的花浇水。
我应该少逛街。	在接下来的四周内,我要由每周逛两次街改为两周逛一次街,并且带的钱减半。
我要减肥。	从明天起,我不会再碰甜食,晚上也绝对不吃零食了。我要在三个月内减掉五千克。
其实我的办公桌可以更整洁些。	这个星期我要抽出两个小时时间来整理办公桌。从此以后,我要每天花15分钟,让自己的桌面时刻保持干净整齐。
总有一天我要成为部门经理,挣更多的钱。	明天我就要去跟上司约个时间,好好谈谈我的工作情况和未来的职业规划。

---

　　① 摘引自[德]洛塔尔·韦特:《把时间留给最重要的事》,中信出版社,2008年版。

无效目标	有效目标
我要留出更多的时间来陪伴爸妈。	星期天是休息日，所有的工作都摆到一边，回家和爸妈一起吃饭，饭后陪爸妈散步、聊天。
我想去市图书馆看书。	我先办一张图书证，以后每个星期六上午都去图书馆看书，充实自己。

六步设定目标

第一步,确定你想要什么。

你可以自己决定究竟想要什么,也可以和你的上司坐在一起,就你为自己设定的目标进行讨论,直到你彻底弄清楚自己应该做些什么、应该按照什么顺序来做这些事情。当然,你最终确定的目标必须是"正确"的,是可以取得成果的。

第二步,把目标写在纸上。

事实证明,以书面形式把目标写下来,将大大提升实现目标的可能性。当你把目标写在纸上以后,你为自己制定的目标就清晰化、具体化了。你为自己创造了一个能看得见、摸得着的东西。另一方面,如果一个目标没有以书面形式记录下来,那它就只是一个愿望或一个空想,没有任何生命力。

第三步,选择最佳路径。

从目标通往成果的道路有许许多多条,有的道路短,有的道路长,有的道路满布障碍,有的道路一马平川……因此,必须综合考察各条道路的情况,选择一条最佳路径。展开想象力,设想你已经具备实现目标的所有资源,不要顾忌任何限制条件,将你所想到的抵达目标的路径全部写在纸上,然后,再依据现有条件,权衡各路径,找出其中距离最短、障碍最少的那条。

第四步,设定最后期限。

目标如果没有设定完成的最后期限,就不会给执行者制造任何紧迫感,没有真正的起点和终点,你做起事情来就会不由自主地拖沓,工作效率自然也就非常低下。

第五步,列出行动事项。

把你能想到的、实现目标所需要做的所有事情都列出来,这样的一份清单能让你眼光更为长远。由于你把这些目标付诸笔端,并设置了实现目标的最后期限,这样你就大大提高了实现目标的可能性。

第六步,标出优先等级。

根据轻重缓急来安排处理事情的顺序。花上几分钟时间,来考虑应该先做什么、后做什么,哪件事情在前、哪件事情在后。

【小贴士】目标设定表

月/周目标设定表

		目标内容	实现方法	时　间	完成打√
事业					
其他目标	家庭				
	人际关系				
	学习成长				
	健康休闲				
	……				

本月/周收获与不足：
未完成目标的原因：
克服障碍的方法：
……

日目标设定表

周__		_____年___月__日	
序号	今日事项	完成时间	完成打√
1			
2			
3			
4			
5			
6			
7			
8			
9			
10			
11			
12			
……			

效率达人
让时间更值钱

项目目标设定表①

项目内容	阶段性成果	时间节点
第一阶段：项目启动阶段		
关键步骤： 成立项目组 制订项目工作计划 召开项目启动会 项目合作协议签约	项目总体工作计划 合作协议	第1周
第二阶段：问题分析阶段		
关键步骤： 高层、中层、基层管理层访谈 管理制度分析 问卷调研 核心问题界定	问题分析报告	第2～3周
第三阶段：策略制订阶段		
关键步骤： 制订改进策略 策略方案评估	项目实施策略	第4～5周
第四阶段：辅导实施阶段		
关键步骤： 流程梳理与优化 辅导制作岗位责任说明书 中基层管理者精细化管理培训 "二六四二"平台导入	部门工作流程图 确认关键点 岗位责任说明书 岗位工作标准界定 "二六四二"体系运营 目标责任书 个人品牌分管理制度 目标承诺管理制度	第6～8周

---

① TC项目，即目标管控（Target Control）项目，是帮助企业建立以目标为导向的管理控制体系，主要从流程梳理、组织架构建设、岗位职责规范化、管控机制建立等方面着手打造企业高效运营体系。项目实施对象为一家中型服装企业，项目周期两个月。

项目内容	阶段性成果	时间节点
第五阶段：项目总结		
关键步骤： 目标管控机制自运营 项目成果总结	自运营评估报告 项目总结报告	第 9 周

第 **4** 章

高效率,来自好方案

工欲善其事,必先利其器。什么是提高效率的好工具? 是便捷快速的交通工具,还是运转速度日新月异的电脑? 其实,这些都不能取代职场人的思维。只有通过职场人自己设计出的优秀方案,经过仔细斟酌和全盘考虑,才能结合现实,改变工作中的低效。

好方案，分解目标不发愁

前一章中，我们已经了解了设定目标的重要意义。但如何用高目标具体影响我们的行动？这就需要制订出切实可行的行动方案。

好方案如同桥梁，能将目标和工作步骤连接在一起。同时它将目标分解成具体的行动策略和计划，帮助人们进一步明确自己应该做的事情。

目标分解是制订方案中必不可缺的一步，也是提高工作效率的重要途径。

> 海尔原本只是一家不知名的小企业，20世纪80年代生产家电，当时，他们立志成为中国的第一。几年以后，海尔真的成了中国冰箱业的第一名。之后，海尔又放眼国际，争创国际名牌。现在，他们的产品已经出口上百个国家和地区。
>
> 那么，海尔是怎样制订行动方案的呢？
>
> 首先，海尔人把远大的总目标分解成为各个部门的小目标，这样，每个部门感到肩头的责任具体而清晰；接着，各个部门再把

目标分配到每个人身上，这样，每名员工都承担了各自的目标；而每个员工又根据自己承担的工作目标，分解出每季度、每月和每天的工作应得结果，采取了"日清"的方法，保证每天都能解决好自己的工作问题。

从企业的总经理，到部门负责人，再到一线工人，每个人都知道自己应该完成什么任务，整个企业高效运转，像拼图游戏一样，所有的任务都由成千上万块的拼图零件被组装到一起，成为了完整的海尔事业。

海尔先进的管理方法，对于个人来说，也有值得借鉴的宝贵价值。

当我们领到任务时，应该学会抽丝剥茧，将看起来无法下手的工作分割成具体、细致的行动事项。

管理者设定了一个新的目标时，在制订方案的过程中应该结合不同部门或者下属的能力，进行有效的目标划分，保证每一个细小目标都能有效完成。当各方面都趋向完美，整体目标也就一气呵成了。

1984 年，在东京国际马拉松邀请赛中，名不见经传的日本选手山田本一出人意料地夺得了世界冠军。两年后，意大利国际马拉松邀请赛在意大利北部城市米兰举行，山田本一代表日本参加比赛。这一次，他又获得了冠军。记者请他谈谈获得冠军的经验，山田本一性情木讷，不善言谈，只是回答："凭智慧战胜对手。"他没有具体解释"智慧"的含义，因此，记者们迷惑不解。19 年后，这个谜终于被解开了，山田本一在他的自传中是这么说的："每次比赛之前，我都乘车把比赛路线仔细地看一遍，并把沿途比较醒目的标志画下来,比如第一个标志是银行,第二个标志是一棵大树,第三个标志是一座红房子……这样一直画到赛程的终点。比赛开始后,我就以百米的速度奋力地向第一个目标冲去,等到达第一个目标后,我又以同样的速度向第二个目标冲去,如此往复下去。40多公里的赛程,就被我分解成这么几个小目标轻松地跑完了。起初,我并没有这样做,我只是把我的目标定在40多公里外终点线上的那面旗帜上,结果我跑到十几公里时就疲惫不堪了,我被前面那段遥远的路程给吓倒了……"

一次性完成一个大目标的失败率是很高的,这是因为在具体的实施过程中,细节部分的工作常常反复拖延,人为错误发生的概率近乎100％。很多时候,目标的实现非常复杂,不可能一蹴而就,为了更加轻松地实现目标,你需要像山田本一那样,将目标分解为一个又一个小分目标,循序渐进地去实现。

【小贴士】目标多权树法

你可以运用"目标多权树法",对目标进行有效分解。所谓目标多权树法,是指用树干代表总目标,树枝代表二级分目标,树叶代表三级分目标,如此类推,直到将总目标分解为具体的每天可以执行的事项。目标多权树法示意图表如下:

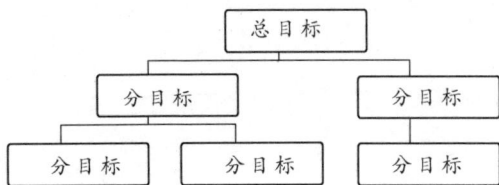

目标分解表

总目标	二级分目标 1	二级分目标 1
		二级分目标 2
		二级分目标 3
		……
	二级分目标 2	三级分目标 1
		三级分目标 2
		三级分目标 3
		……
	二级分目标 2	三级分目标 1
		三级分目标 2
		三级分目标 3
		……

好方案，具体步骤有期限

　　1769 年，英国人乔赛亚·韦奇伍德首先使用了分解具体生产步骤的工作方法。一百多年以后，亨利·福特发明了现代工厂内的流水线操作方式，很快，全世界的工业都开始采用类似的工作模式。流水线操作有效限制了工人操作步骤的时间（甚至精确到秒），提高了工作者的效率，产品质量也有保证。

　　如果只有目标，而没有对完成期限的规定，方案可能会因为难以操作而变成一纸空文。所以，我们在制订方案的时候，一定要为每个步骤作出具体的期限规定。设定期限应当遵循"紧迫"原则，宽松的期限对效率起不到促进作用；只有紧迫的期限，才会鞭策你加紧步伐。

　　销售经理于宁手头上有两家大客户，他的任务是结合他们最近计划上马的项目，推销本公司的企业管理软件。

　　于宁仔细地分析了这两家公司：A 公司负责项目的是信息中心肖主任，他对于宁的软件方案已经比较熟悉了，所以当务之急是尽快拜访肖主任，然后商谈将软件试用版本安装到 A 公司进

行调试;而B公司负责项目的是新任命的副总,于宁根本不熟悉,必须先打交道。

根据两家公司的不同情况,于宁在工作日程表上为具体销售步骤规定了期限。

他决定,对A公司要趁热打铁,避免夜长梦多,在本周末前就"抓到"肖主任的空白时间;而对于后者,于宁给自己设定了六个工作日的期限,他将前三天用来同新的副总进行电话和邮件沟通,规定自己在下周三之前去对方公司一趟。

在对工作步骤期限的严格规定下,于宁的每一步工作都非常有效率,最终,他拿下了两家公司的订单。

工作中,应该像于宁这样严格明确工作期限,给自己制造适当的紧迫感。如果不规定期限,就会失去对工作的有效控制,最终演变成"脚踩西瓜皮"的状态,放任自流。

王慧是个慢性子的人。一次,老板拿出企业的营业执照交给王慧:"营业执照快到期了,你抽个空,去工商局办一下延期。"

王慧听老板说"抽空",以为是自己随便可以安排时间办理的意思。于是她收下了营业执照,根本就没看具体时限,又开始忙自己的事了。第二天,王慧准备去复印公司的材料,同事小许拉住她说:"怎么,今天去,你忘记了啊?下午公司要组织部分员工参观一家客户,听说这家客户产品做得很好啊。"王慧想了想,决定不去复印了。

又过了一天,王慧带着材料跑了一趟工商局,对方告诉她,需要的材料没有带够,让她准备好了再来。于是王慧回到公司,恰逢办公室的同事在商量晚上聚餐事宜,王慧很快将拿材料的事情忘记了……

就这样，王慧一再拖延，她没有注意到的是，营业执照已经过期了。

王慧并不是没有完成任务的能力，而是她从一开始就没有根据时限，制订出相应的步骤期限。

工作不是生活，生活节奏淡定、从容，可以忽略时间，但工作必须具备强烈的时间观念。

我们面对具体的工作时，应该有紧迫感，要有"一万年太久，只争朝夕"的意识。

如果说工作中存在底线，那么，"绝不更改期限"应当是其中的一项。这意味着我们在具体的执行过程中，对步骤期限不能抱有任何的侥幸心理，应当牢牢树立到期完成的观念，而不能对自己过于"宽容"。

习惯告诉自己"到时候再说"的员工，永远不会有高效率。

好方案，请做好"关键点"

路需要一步步走，工作也是如此。制订工作方案，需要找到工作的关键环节。

这些关键环节，我们将之称为工作中的"关键点"，又称"阶段性成果"。假设某服装连锁店的目标是在一年内开设八家分店，那么，每成功开设一家分店就可以视为一个"关键点"。"关键点"如同漫长征途中的里程碑，在提示工作进程的同时，也给予工作者更加充足的信心。设定"关键点"，就是为目标寻找到阶段性的成果标志，让目标实施者清楚进展情况，让监督者有效地管控进程。

优秀的工作者，总是能在制订方案之前，就找到不同的"关键点"。抵达关键点，意味着行动取得了阶段性成果。通过检验阶段性成果，我们将能够明确工作的进展情况，了解工作的效率，并通过对阶段成果的考察和反思，得出下一步工作需要修正的地方。

好方案，离不开障碍设想

工作中，我们都希望远离执行过程中的障碍，然而，障碍并不会因我们的主观愿望而消失。通往成果的道路上，不可能一路平坦，总会遇到坎坷和障碍。换个角度来想，如果没有障碍，我们的价值体现在哪里？

我们应该具备良好的心态，坦然接受障碍。不仅如此，我们还应该主动出击，在制订方案的时候提前判断障碍出现的可能，包括形成的原因、表现的形式、出现的环境、造成的后果等。

预想障碍的过程，是对行动方案的可行性的评估，是完善行动方案的过程。制订行动方案时如果不预设障碍，过于乐观，很可能出现"拍脑袋"的决策，使执行中问题层出，造成行动方案和实际的执行情况严重脱节。

学会适当"悲观"地看待行动方案，比起盲目乐观要好得多。

无论执行者是不是行动方案制订者本人，都应该在方案中列明所有可能出现的障碍，这些障碍包括：环境的压力、客户的质疑、产品的缺陷、内部的协调困难、资源的短缺等。你需要

从内部和外部两方面预想困难。内部困难包括：为了实现目标，你不具备哪些能力？你的哪些行为习惯、思维方式、性格特征等会阻碍目标的实现？你以往的经验是否会变成你前进的阻力？你实现目标的意志是否坚定？等等。外部困难包括：可供支配的人力、物力有哪些不足？国家法律和政策是否允许？是否存在人为的阻碍？等等。

好方案，少不了B计划

制订行动方案时，既要乐观、坚定，也要有"悲观"预测。为此，方案中不仅应该有 A 计划，也要有补救计划，即 B 计划。以便在一种方法行不通时，启用候补方案。遗憾的是，很多人并不知道方案应该有 A、B 甚至 C 计划，他们只设定了一条道路。一旦这一条道路出现了难以克服的障碍，他们就只能停在半路，徒然兴叹了。

所以，真正的高效方案，应该像探险者一样，为抵达目的地设定多条路径。

高效的行动方案，不仅有对障碍的预想，更要有对克服障碍的方法的多层面考虑。

抵达目的地的道路不止一条，好的工作方法不止一种，多准备几种克服障碍的方法，一个方法不管用了，还可以选择替补的方法，这样可以确保行动顺利开展，提升效率。

小洪只是家电专卖店中一名普通的销售员，但她每年的销售量都位居前列，公司决定提拔她，并请她说说自己的经验。

其实,小洪的销售秘密很简单,"多准备几种方法向顾客推销"——首先强调产品的时尚,当对方提出异议时,就强调产品不会被淘汰、很少降价,如果对方还不接受,就强调产品返修率很低,质量可靠,如果对方还是不能满意,就强调产品的性价比……这套方案实际上有着很多计划,以针对不同心态的顾客。

对比小洪,很多销售员在客户提出反对意见时往往捉襟见肘、束手无策,归根结底是他们准备的推销方法不够多。

那么,如何设定 B 计划呢?

第一,方案中的 A 计划也许在制订者看来天衣无缝,此时,不妨从截然不同的角度来设计 B 计划。

第二,A 计划即使再完美,也不可能解决所有可能出现的困难,因此,方案制订者必须在全面预测障碍的基础上,设计出更多的计划,以便作为 A 计划的补充,或者及时取代 A 计划发挥作用。

第三,在实际操作中,即使执行者发现没有必要使用 B 计划,也可以将 B 计划中的"闪光"部分作为 A 计划的补充。

第四,识别出主要困难和问题。德鲁克说:"在每一个复杂的问题中总有一个大问题,在解决其他问题前必须先解决这一问题。"在寻找解决方案时,先识别并集中精力解决最大的问题或困难。

第五,确定自己需要提升的知识和技能。为了实现目标,你必须成为与以前完全不同的人;为了实现目标,你必须获取新的知识,培养新的技能,锻炼新的品质。

第六,确定哪些人和组织可以帮助你实现目标,主动联络他们,并勇敢地请求帮助。

【小贴士】行动方案表

总目标							
阶段性目标	行动方案	阶段性成果（关键点）	时间节点	可能存在的困难	应对措施	备	注

第 5 章

高效率，专注于成果

效率的定义是成果和时间之比，这个比值的大小，既取决于时间所花费的多少，也取决于作为分母的成果。有的人做事很快，但成果寥寥，那么，我们依然不能说他做事有效率，而只能说他做事有速度。因此，"高效率"不是单纯地追求速度快，更要专注于所取得的成果。

结果 ≠ 成果

什么是工作的成果？不同的人有不同的回答。

有人认为，每天按时上下班定时来去，在工作环境中让自己显得很忙，这就是"成果"；也有人认为，工作及时完成，交给上级，这就是"成果"……

"总之，既然我拿到工资，也做了事情，那么，工作就是有成果的。"潜意识中，抱有这种想法的职场人还真不少。

然而，工作有结果并不是成果，凡事有所交代，只能算具有基本的职业道德，而不是成果。

打个最简单的比方，运动员跑完了马拉松，叫结果；但取得了良好的名次，这才叫成果。

在职业的竞技场上，你是否取得了成果呢？

> 朱明是公司的平面设计师，因为刚来公司不久，所以很希望能够表现得好一些。每次交给他的任务，他都会抓紧时间，及时完成。
>
> 朱明主要负责团队设计方案的后期完成工作。为了不耽误团

队的工作进程,朱明会给自己限定时间,一定要在规定的时间内完成。可是最近朱明总是被上司叫到办公室进行谈话,原因是上司觉得他的工作没有达到标准。

原来,朱明为了追求速度,只是按照设计方案做好平面图,但很多细节没有完善,结果不仅浪费时间,也耗费很多同事的精力。上司希望他能够改变自己的工作态度,在追求速度的同时保证质量。

此外,职场人要懂得聪明地将结果升华为成果。很多人天真地以为"酒香不怕巷子深",事情做出来就会获得承认。而实际上,无论是上级还是老板,他们并没有多少时间来仔细考察你的结果。

如果你自己也对结果漠然处之,那么再有价值的结果恐怕也只是结果,难以变成代表能力、体现价值的成果。

看成果，请你看得更远

效率是成果与时间之比，如果脱离了作为分子的成果，而只关注作为分母的时间，那么，我们的工作效率将无从体现。因此，我们不应只看见工作的单位时间，而看不见工作的单位成果，更不能只看见短期、自我的成果，而看不见长期、集体的成果。

一时、一地、一事的成功，是否能够带来长期有效的业绩？迅速完成的工作，能否经得起未来的考验？局部获得的胜利，又能否在时间的发酵中，带来稳定的成效？

回答好这些问题，我们的时间才不致被浪费。

作为组织中的一员，我们有必要为团队负责，对集体尽职，为同事出力。不要满足于短期工作的"高效率"，往往越是追求短暂的辉煌，未来失去的就越沉重。更不应该为了提升个人的效率，牺牲其他部门、团队或者同事的利益，姑且不论这种行为对人际关系的负面影响，其直接后果就是组织的效率降低，并迟早会影响到你个人的效率。

如何让一滴水永不干枯？答案是将它放入大海。

同样,个人成果如果不懂得及时转化,与他人分享,那么,你的成果将始终只是你自己的,不会给团队带来帮助,发挥的价值也就非常有限。只有经过转化和放大的成果,才是团队的成果。在领导眼中,为团队创造更多成果的人,当然比只会为个人绩效努力的人重要得多。

如果仅仅将成果当成炫耀的资本,或者提薪的条件,那么,我们对于成果的利用实在是太过狭隘了。

其实,我们完全可以把自己的成果当成"伏笔",最大化地利用这些"伏笔"来创造更大的成果。

比如,你签了一笔订单,这是成果。但聪明的你不应该只满足于这个成果,而是将这次签单当成一个引子,从中总结销售经验,了解市场需求。

不会埋"伏笔"的人,常常是一事完毕又来一事,永远忙于解决各种问题,应付各种困难。

此外,某些结果虽然在短期内看起来似乎很琐碎很平凡,甚至和自己的工作无关,但长远地看,却能发挥至关重要的作用。

何鸿燊,澳门"赌王",身价700多亿港元。但他第一份工作,是在香港某家商贸进出口公司打杂。

何鸿燊虽然出身豪门,但因为家道没落,尝尽世态炎凉。工作中他尽心尽责,他当时的主要任务,是同澳门的客商进行联系。

某次,老板带着何鸿燊一起出去,临时想到要联系一家客户,但是老板忘记带电话号码簿了。正当老板懊悔的时候,何鸿燊直接报出了这家客户的号码。老板感到非常吃惊,按照号码打过去,果真是这家客户。回到公司以后,老板让何鸿燊报出他记住的号码,最后发现小小的打杂职员记住了 2000 多家客户的电话号码。

老板震惊了,不久之后,何鸿燊成了这家公司的股东,开始了他的创业人生。

如果何鸿燊不愿意做小事,觉得记下电话号码根本谈不上"成果",那么,又怎能享受到今后更大更长远的"成果"呢?

付出持续的行动，直到取得成果

日本畅销书作家胜间和代在其著作《时间投资法》中描述了丰田汽车公司的持续改善法——"由昨天到今天，由今天到明天，一天一点孜孜不倦地积累"。丰田公司提出，"做和昨天同样的事情"叫做"劳动"，而"为明天能够做得更好而准备"才叫做"工作"。

在通往成果的道路上，总会不幸地看到许多半途而废的人。导致他们半路止步的原因有很多，但不管什么原因，可以肯定的一点就是，他们没有坚持走到终点。目标只有百分之百实现才有意义，即使离终点只是一步之遥，也没有丝毫价值。

如何让自己做到坚持不懈呢？

第一，为了让自己具备坚持不懈的品质，你需要从切实可行的小事做起，你尝到了甜头，会变得比较容易坚持下去。

第二，你需要以"可持续发展"的思想来看待坚持不懈。例如，不合理的减肥方法（一味地节食、吃减肥药等）很难坚持长久，因为任何违背科学原理的行为都不会长久地存在。

第三，你需要将长期坚持的行为转化为生活习惯。你所坚持的行为必须对生活具有积极意义,例如,很多人热衷于绘画,事实表明,通过绘画获得收益的人,他们更容易长久坚持,甚至可能是一辈子;而不能获得收益的人,则很少长久坚持。

第四,你可以借助专业的器材。例如,孩子们总是难以长时间地保持正确的坐姿,即便家长和老师反复叮嘱,也无济于事。如果借助专业的器材,情况便大有改善。现在市场上很容易买到让孩子保持端正坐姿的椅子,其设计原理是用杠杆固定好距离,只要使用这样的椅子,就可以自然地保持端正的坐姿。

抵制"出轨",别让行动偏离计划

取得成果的过程是艰苦的,不仅需要我们付出坚持不懈的努力,更需要我们不断反思和调整自身的行动,使其按照预设的行动方案向前推进。行动,尤其是组织的行动,应该严格遵守行动方案。这道理看着浅显易懂,但践行起来很难。

首先,尽管方案制订得科学、合理,但工作进行的过程中,常常会出现制订者并没有预想到的情况。执行者此时如果不能够坚持计划,则势必导致行动偏出抵达成果的"轨道"。

其次,执行的每一个步骤不可能都做到完美无缺。在出现问题或者产生漏洞时,是停下来"专心致志"弥补错误,还是暂时将问题搁置,进行下一步的行动?这也同样需要执行者兼顾每一步骤的效率,注意其互相影响的作用。实际上,暂时地搁置问题,并不一定导致效率降低或计划的失败,如果固执地马上解决所有问题,反而会导致效率低下。

想要让行动遵守计划,我们就应该在执行过程中时刻反思操作步骤,同时,还要保证工作步骤能够充分体现方案的既定重点,反映出制订者的意图。

计划如同乐队的指挥棒,执行者则是乐手,他们只有时刻关注指挥棒,才能协同合作,奏出美妙乐章。

> 波司登的老总高德康,1994年从小集体企业开始,推出新的羽绒服产品上市销售,一开始,他就立志要做"最好的羽绒服"。他坚信,羽绒服的市场非常广阔。
>
> 然而,波司登刚刚上市,就碰到了巨大压力,大量的库存,银行催要贷款,使其面临严峻的考验。计划遭到了挫折,高德康是怎么做的呢?
>
> 有的人说:"现在这种形势,不如改做其他产品。"有的人说:"干脆破产算了。"
>
> 但高德康坚定地遵循自己的创业计划,他抓住很多销售门店搞反季节销售的机会,宣布所有产品降价销售,创造了难得一见的抢购情景。结果,"亏本甩卖"使波司登打响了名气,很快,高德康带领波司登成为业界的老大。

高德康和自己的团队在执行过程中严格遵循既定的方案,没有被计划实施过程中的困难吓倒,更没有让行动偏离计划的轨道。结果,越过了黎明前的黑暗,高德康取得了卓越的成果。

据说,在沙漠中行走,会由于缺少参照物,导致走路者的错觉,行进轨迹不断偏向,最终形成一个圆。为了防止行动如同在沙漠中行走一样失去方向,工作者不妨找到你的"北极星"——目标。当所有行动都围绕着目标时,就能够确保达成成果。

在具体的执行过程中,我们常常会面临不同的选择。比如,是更重视速度,还是更重视质量?是更多利用团队,还是更多挖掘市场?我们往往会在各种可能中迷失。为了走出迷失的境地,我们必须牢记目标,紧密围绕目标开展行动,这样,就可以少走弯路,尽快抵达目标。

随时检查,有反思才有成果

职场中,我们每个人的头上都高悬着一把达摩克利斯之剑,只是,并没有多少人意识到威胁的存在。

效率如逆水行舟,不进则退。很多问题经常会突然出现在执行过程中,影响我们对于成果的追求。比如,执行者看到方案的时候,感觉浅显易懂,而真正操作起来,发现困难重重;在执行过程中,执行者忘记了方案的初衷,只是盲目"努力",而方案制订者也忘记了自己的监督职责,直到最后,大家看到的结果与当初的设想南辕北辙……这些问题出现的原因,主要是我们缺乏对行动的有效"检查"。

"当局者迷",执行者自己看不清行动是否偏离轨道,方案制订者也找不到合适的督促方法,问题就在所难免。

行动方案的制订者和执行者,都应该时刻保持检查和反省意识。

只有将反思同执行的每一个步骤结合,成果才会瓜熟蒂落,水到渠成。

> 丰田汽车公司之所以能够成为世界上知名的汽车制造企业,同他们独创的工作效率模式有着密不可分的关系。

在丰田，基层员工最重要的是进行检查和反思，而不是单纯地跟随师傅学习技术操作。比如，丰田的某款车型，座椅的安装共有 7 道工序，每名技术工人都应当在 55 秒钟内完成。但是，当有工人的作业时间分配不合理，或者安排顺序不对时，监督人员就会迅速发现。

当然，丰田的员工效率之所以高，并不全部依靠监督人员的严格要求和频繁检查。当问题出现之后，即使是普通的操作员，也会停下工作，在现场自检和反思，并查清问题产生的真正原因。

丰田员工常问自己的问题是：工作应该是怎样做的？怎样保证自己做的是正确的？怎样知道问题出现在哪里？怎样处理这些问题？

"丰田效率"的成功经验告诉我们，工作者应该通过自我反思，有效发现和改正问题，才能拿到想要的成绩，工作效率才能得到提高。

工作中，执行者应该不断地自我检查和自我修正，这不要指望你的上级，他们没有义务保证你工作百分之百正确，而应该是你向他们保证做到这点。但作为方案制订者，也不能完全相信执行者的能力而放任自流。

检查和反思，需要有一定的依据和标准，因此，无论是制订者还是执行者，都有必要学会"倒推"的思路。这种思路从成果出发，反推出抵达成果所需要的条件、资源、策略、方法等。比如，我们需要节约办公成本，那么，应该怎样通过"倒推法"来寻找最高效的实现方法？想要节约办公成本，就需要降低支出，想要降低支出，我们首先要知道有哪些支出。因此，要节约办公成本，第一步是查清成本支出的数据，并进行分析，找出可以消减的支出项目，而并不是草率地在公司员工中宣传节约意识。

站直喽！ 为工作结果负责

负责任的工作者,会在第一时间将结果提交给上级,并主动承担责任。他们不是"报喜不报忧",更不会一味"争功"而"避祸"。

正是因为有对结果负责的精神,工作者才会更加深入地思考工作方法,改变工作思路,将有限的资源价值发挥得淋漓尽致。

我们更应该主动对结果进行反思。很多人常常是提交完结果以后,就"事不关己高高挂起",像被动学习的学生。

其实,工作者本身就是对结果第一评价的主体。

> 2002 年,华为技术有限公司创业 15 年来,首次出现业绩下滑。公司的合同销售比 2001 年下降了整整 30 多亿美元,利润也减少了 40 多亿美元。在其他公司,大部分员工是不用对公司业绩具体负责的,因为这可以归结于市场、客户、经济环境等因素。但是,华为员工对结果负责的态度在此时体现了出来。

第二年年初,华为有454位中高层干部提交申请书——他们表示希望主动降薪,以此对结果负责。而公司人力资源部门毫不留情地批准了其中的362份,创下了行内的纪录。

在这种自我评价、对工作结果主动负责的精神推动下,华为迅速重新站住脚跟,企业重新获得了迅速成长的效率。而要求降薪的员工,也通过自己的努力工作,拿到了比以前更高的待遇。

职场人应该一边工作一边对结果进行观察,并将之和其他人的工作结果相比较。

对不良工作结果进行推诿和逃避,实际上是工作者最大的不负责。以这种不负责的心态工作,将无法提高自身效率。

职场人首先应该意识到,承担责任的行为,目的是解决问题,避免造成更大的损失。逃避责任、隐瞒问题,只会让问题得不到及时解决,最终酿成更大的损失。当不良结果到来的时候,你应该勇敢地承担相关责任,并尽快提出补救和改正措施,防止造成更严重的损失。

第 **6** 章

高效率,先拓展能力

《三国演义》中有这样的一段:华雄在阵外高声叫嚣,先后出去的几员大将都被他当场击杀。空气似乎凝固了,达官显贵们面面相觑。

这时,关羽站了出来——

后面的故事,不用我多说读者应该也知道,当关羽将华雄的首级扔到袁绍的脚下时,诸侯们全都惊呆了。曹操面前的那碗酒还是温的……

"一招鲜"，效率提高之本

什么是"一招鲜"？其实，一招鲜就是一旦使用，工作质量能显著提高、工作时间可以迅速缩短的技术。比如，运动场上贝克汉姆的任意球、乔丹的灌篮、舒马赫的漂移、威廉姆斯的S球，一旦使出，足以迅速扭转场面。其实，职场如运动场，比拼的是效率，而效率背后比拼的重点，就是工作者有多少"绝活"。

身在职场，如果你总是找不到自己的"一招鲜"，那么，又如何指望能顺利行走在职场？须知，没有赖以立身的工作技能，仅仅靠人际关系，我们无法在工作过程中得到高效率、高成果，也无法靠虚伪的评价、自我的吹嘘来获得所有人的尊敬。所以，想提高效率，不妨从发现和培养自己的核心技能开始。

1982年，周星驰尚未满20岁，他加入了香港无线电视台夜间艺员训练班。结业之后，周星驰在职场上并不如意，只是接替同他一起入学却早已成名的梁朝伟做无线电视台的儿童节目主持人。

但是，周星驰并没有放弃对自己"一招鲜"能力的培养。

他不断地自我磨炼演技，阅读理论书籍，同时，寻找当时香港影坛所没有的表演路数，形成了自己独特的"无厘头"演技风格。同样一段台词，在所有演员中，往往周星驰的表演让人印象最为深刻。

1986 年，在舞厅里，周星驰等来了自己的机会。他偶遇万能电影公司的老板李修贤，并被对方邀请加入电影《霹雳先锋》饰演配角。影片上映后，无数观众被周星驰独特的表演才华所折服，周星驰成为第一个拿到金马奖最佳配角的新人。而此时，离他在《射雕英雄传》中扮演"宋兵乙"仅仅数年而已。

周星驰从草根走向影帝的高效成功并非偶然，他找到了自己在职场上的"一招鲜"，才能准确拿捏到老板和客户的需要，成就日后的事业。

如果自己没有"一招鲜"的能力，一定要尽快发现自己能力结构上存在的缺憾，并通过努力学习和改正，从其他方面进行弥补。那么，如何练就"一招鲜"呢？

首先，寻找自己最优秀的一面。

很多时候，我们并没有看到自己最优秀的那一面。我们被日常繁琐的工作所包围，被自己人微言轻的现实地位所阻吓，因此没有勇气去观察真正的自己。但是，为了提高工作效率，工作者必须要学会正确地评价自我，从自卑的阴影中走出来，客观看待自身能力。比如，你学历不高，但你接触社会早，具有相当多的人脉，这就是你优的一面。又比如，你硕士毕业，虽然工作经验不足，但你有很强的吸收知识能力，这也是你优秀的一面。善于理性地发现自己的优秀点，这是练就"一招鲜"的第一步。

其次,将特长融入工作。

不少工作者虽然有一定特长,但由于无法寻找到自己优秀的一面,或者即使知道,也难以融入工作,结果导致他们虽有特长,但发挥不出,提高不了效率。其实,我们应该找到将特长融入工作的途径。任何工作,都不可能只靠一种方法、一种能力来完成,职场人应该找到团队工作中最适合发挥自身特长的任务,并尽力发挥。比如,你动手能力差而表达能力强,那么,在工作中你应该尽力担负沟通、宣传的任务。总之,让特长推进你的效率,反过来也可以让效率彰显你的特长,提高你的自信,也提升别人对你的评价。

再次,向他人展示"一招鲜"的价值。

职场人不仅应该具备"一招鲜",同时,还应该主动出击,让老板、同事和客户认识到自己的价值。我们可以让他人看见你发挥特长的具体过程,从而明白你的特长为提高团队效率发挥了重要的作用。这样,不仅提高了效率,在他人眼里,你也会成为有价值的关键人物。

为关键工作打造内功

什么是你的关键工作？关键工作,就是老板雇佣你的目的,也是你日常最主要的任务,更是你体现个人价值和能力的关键点。关键工作完成的效果如何,直接影响着你的业绩,决定着你在整个团队中的地位。

有良好的业务素养和能力结构,我们就会具备深厚的"内功",从而在进行关键工作时,能从容不迫,具有充分的信心和应对策略,比他人更好地达成结果,创造高效率;相反,缺乏技术的积淀、经验的积累,"内功"不足,在面对关键工作时,无所适从、惊慌失措,工作效率自然无法提高,更无法获得老板的称赞。

"内功"和"一招鲜"不同。"一招鲜"可以短期提高和获得,起码能引起他人注意;而"内功"强调的是长期在职场中的修为和历练,需要的是工作者自身长期的反省、学习和思考。

老应三十五六岁,在某局的办公室科员位置上工作有十来年了,但是,长期获得不了提拔。眼看着身边的同事一个个上去了,他心里感到不是滋味。

其实，老应对自己的工作没有什么认识。在办公室，他只会简单地将文件精神传达到下属机构，或者布置一下开会的地点。他既不会像别人一样写一手好文章、画一手好画，也不会像新公务员那样熟悉电脑自动化办公，更不会外语、驾驶、财会。

那么，老应的心思放在什么上面呢？原来，他坚信和领导搞好关系是最重要的。于是，A局长来任职，他摸清A局长喜欢钓鱼，就经常带着鱼竿和局长到郊外垂钓；B局长来任职，老应又练出一手象棋，同B局长"鏖战"……换了几任局长，老应的特长越来越丰富，可职位还是上不去。

老应不把自己的努力重点放在工作业务的"内功"上，就无法为组织创造更多的成果，也就不会得到领导的重用。

修炼"内功"，要注意以下两点：

第一，"内功"需要长期学习。

"内功"，来自于我们在职场上长期的学习过程。初入职场，我们不可能在短期内就获得很高的工作效率，但此时的学习过程，将决定今后的效率。我们不妨在工作之余，多阅读和自身工作相关的书籍，既了解与职位相关的业务知识，又明白整个行业的现状和企业的特点。

第二，"内功"需要谦虚请教。

实际工作中，向他人请教也是积累工作能力的重要渠道。说起请教，不少工作者总认为这是新人的事情，自己已然是职场"老鸟"，何必去请教他人。但我们不要忘记，职场同市场一样，永远是动态的，拒绝了解新事物、接受新思想，你的"内功"最终也会退化和减弱。因此，我们应该针对不同对象，如同事、上级、客户、合作伙伴，请教不同的知识和技能。

全力以赴，保护你的能力值

关羽在他的"职场生涯"中，温酒斩华雄只是一个引子，之后一系列高潮迭起的"职场表现"，更让人对他无比推崇和敬佩。但最终，这样的"职场乐章"葬送在关羽自己的手中，迎来走麦城的悲剧尾声。

从工作的效率来看，为何关羽超强的能力值，却换不来最终的成果，反而落得失败的结局呢？

问题就在于他虽然能力值高，却过于傲慢大意，没有保护好自己的能力。

孔雀珍惜它的羽毛，因为羽毛是它吸引异性的"核心能力"；狮子珍惜它的利爪，因为利爪是它赖以生存的"核心能力"。工作者应该重视发挥能力，更应该珍惜和保护自己的能力。

工作者也应该珍惜自己的能力值，不断磨砺和提升"核心能力"，只有这样，辉煌才能得以延续，成果才可以得到保存。

乔·吉拉德是世界吉尼斯纪录中个人销售汽车数量的保持者，16年内，他保持着平均每天销售给单个客户一辆汽车的纪录，很多年来，这个神奇的纪录在业界无人能破。

吉拉德的销售业绩不断上升的同时，获得了许多新闻媒体的关注，甚至有许多客户为了见识他的销售水平，特意关注他所在公司的产品。老板意识到，可以把吉拉德调到销售主管的职位上，让他发挥更大的作用，带来更大的影响力。于是，老板找到吉拉德，笑眯眯地说："老弟，你看，你的销售业绩这么牛了，要不你来做管理工作吧。"

吉拉德经过认真思考后，说："不，老板，我想，我很喜爱在一线做销售员，而且也愿意一直在这里做下去。让我去做管理工作，我不知道自己的能力是否达到，又是否有那样的特长。"

于是，吉拉德客气地拒绝了老板，他没有因为升职的虚荣，而放弃自己的核心能力。当他退休以后，邀请他发表演讲的费用达到了一小时几十万美元。

现代职场中，不乏能力优秀的人才，但他们没有足够重视个人的天赋和能力，也没有充分意识到保护核心能力的重要性。职场人要避免被工作中的某些"场外"因素干扰，丢掉自己赖以安身立命的核心能力。

第一，别被"心态"损害能力。

心态对于能力的损害是巨大的。同样一名工作者，在他心态平和的时候，能够具有强大的工作能力；但当他心态失衡的时候，无论是观察力、判断力还是具体操作能力，都会有不同程度的下降。

为了保持正确的心态，首先，我们要正确地看待自己，既要

认识自己的优点，又要看清自身的缺点；其次，我们还要正确地看待领导和同事，每个人的个性都有其优缺点，即使他们的缺点让你不能接受，也不应该逃避或成为他们的敌人，而要坦然接受，并设法适应。

当你有了好的心态，能力就会如同植物有了肥沃的土地，自然能够茁壮成长。

第二，别被"看法"限制能力。

工作环境中，任何人对你有任何看法，都不算奇怪。我们应该学会正确地对待这些看法，而不是受这些看法的影响，限制自我能力的发挥。

比如，有些团队喜欢排斥新人，对新同事不理不睬。你身为新人，不妨把这当成对自己的考验，充分发挥自己的能力来解决问题。也有的同事有嫉妒的毛病，对于取得业绩的你存在某种敌视的心态。如果你陷入无谓的争斗中，就是在浪费自己的聪明才智，不如继续埋头工作，为团队作出更多贡献。

能力买得到，学会购买服务

社会化大生产的趋势，已经是人尽皆知的事实。在这个分工精细、高度合作的社会中，不可能再出现像达·芬奇那样的"万能型"人才。每个工作者实际上都是在用自己的能力同他人交换，寻求工作的高效和成果的获取。因此，学会购买他人的服务，也是我们工作能力的重要组成部分。

为了节省更多时间从事自己喜欢、擅长而且可以产出高价值的事情，我们需要借助于专业人士，将部分事情授权给他们做，当然，你需要为此支付一定的费用。"术业有专攻"，每个人都有专攻的领域，有些事情委托给专业人士做，比亲自动手代价要小得多。

为了更好地购买他人的服务，你需要思考以下问题：第一，谁能接替我做这件事情？第二，谁做得比我好？第三，这件事能否被取消？如果不做这件工作，会有什么后果？（其实，很多日常事务和任务都可以轻易取消，这样做不会降低生产力和工作效率。）

购买他人服务，要分析的重点也不少：

第一,观察自己欠缺的能力。

职场人不必时时刻刻把自己欠缺的能力当成心头大患,但必须要清楚地提醒自己及时对之进行弥补。另一方面,职场人也应该能在问题出现的时候,明白自己寻求"服务"的方向。

职场人应该结合自己经常面对的工作任务,总结出自己欠缺的重要能力,找到合适的渠道购买这些能力。

如果平时已经为此做好准备,突发情况下,你也可以从容不迫地购买服务,获得能力上的弥补。

第二,仔细考察合作伙伴。

在决定购买服务之前,应该把对方当成你工作中的合作伙伴并进行仔细考察。

首先是他们的工作态度,是否与你或你的团队相吻合,是否表现出让人放心的职业精神;其次是他们的工作能力,是否有资格让你购买他们的服务,并真的为工作带来效率的提升;最后是他们的服务经验和综合质量,尽量不要去找那些毫无经验的合作伙伴,否则你很有可能成为"实验对象"。

学会借助他人的能力

工作中,工作者能力的不足,除了通过购买服务以外,是否还有其他迅速弥补的办法呢? 答案是肯定的,我们还可以"借力"。

所谓的"借力",是指在不需要利益交换的前提下,通过与他人或其他团队协同合作,快速地推进工作,获得高效率。其实,借助他人来提升效率,本身也是学习的机会。

工作者千万不要总是过于相信个人能力,而应该有意识扩大自己工作的"半径",想方设法,获取一切能提高效率的人脉资源。

1976 年,拉里·埃里森是硅谷某家普通的电脑公司里普通的程序员,月收入几千美元,却背负着高额的银行消费贷款。但是,他认识两位技术能力比他还强的朋友,鲍勃·迈纳和爱德华·奥茨。他们是他的同事,也是他忠实的听众。

之所以这么说,是因为埃里森的嘴始终闲不住,他上知天文,下知地理,特别喜欢畅谈创业之梦。他经常口若悬河,把两位朋友撩拨得心动不已。

不久,他们真的发现了一个机会,一篇 IBM 的论文揭示了关

系数据库的前景。埃里森想做这个软件。不过,他觉得自己一个人难以成功,他打算请两位朋友帮忙。由于平常的关系,这两个人很快同埃里森一起辞职,创建了自己的公司。

十年不到的时间,这家公司成为了资产上亿美元的计算机软件公司,今天,埃里森更是世界第五大富翁,而他的甲骨文软件公司成为仅次于微软之后的全球第二大软件公司。这一切,来自于埃里森知道如何借助别人的能力,而不仅仅是孤军奋斗。

埃里森的成功,很重要的因素是他善于借助他人的能力。忽视与他人合作,习惯于孤军奋战,虽然有时候更富有效率,但无形中失去了很多借力的机会,最终你会发现个人的效率敌不过团队协同的效率,你很可能会因为精疲力竭而倒在终点线之前。

第一,要学会向上司借力。

上司是我们工作的支持者和引领者,作为团队成员的我们,同作为团队领导的上司,根本利益没有什么区别。

当你遭遇难以解决的问题时,要及时向上司汇报,请他们提供帮助;调用公司内部资源的时候,也可以请上司出面协调,可能会帮我们省去很多工作,少走很多流程。总之,学会向上司借力,将帮助你极大地提升效率。

第二,要学会向同事借力。

同事之间既存在竞争关系,也存在合作关系。很多情况下,善于把握同事之间微妙的私人关系和业绩联系,还能够将同事发展成为朋友,并获取更多帮助。面对自己无法单独完成的工作,我们可以向同事发出邀请,借助他们的能力,并采用同事能够接受的方法,获取他们的帮助。需要注意的是,当同事请求你的帮助时,你也要毫不吝啬地伸出援助之手。

第 **7** 章

高效率，做好"大事情"

法国马赛普通的警官多梅尔，因为一件事情而出名：在他职业生涯的早期，一名女童被凶手杀害，案件交由多梅尔侦办。他为了将罪犯捉拿归案，查阅了大量的文件档案，打了几十万通的电话，到四大洲的多个国家寻找线索。甚至为了办案，他的两次婚姻都宣告破裂。经过半个世纪的追寻，多梅尔抓住了凶手，此时已经年近七旬的老人兴奋地说："我可以退休了。"前来采访的记者问："你觉得自己这样做是否值得？"多梅尔回答："一个人一生只要做好一件事，就不算白过。"

对于多梅尔来说，他把抓住凶手当成人生的大事情。作为职场中的我们，又该把哪些事情当成人生值得做好的大事情呢？

四象限原则，让时间为大事服务

也许你聪明而高效，你会嘲笑多梅尔的坚持。也许你灵活而机智，不会在"一棵树上吊死"。一辈子看起来漫长，但真正能拿来创造价值、体现个人能力的时间不多。除了工作，我们还需要休息、娱乐，与家人共处。因此，我们有什么理由不珍惜呢？

职场人一定要掌握足够的方法来让自己的时间始终在为重要的事情服务。

为工作时间的安排划分一个坐标系，X轴是事情的重要程度，Y轴是事情的紧急程度，所有的事情都可以被安排进这个坐标系中的四象限中。而职场人对这个坐标越是明确，可以获得的工作效率越高。四象限图见本文后。

> 小钟刚参加工作的时候，做事完全没有重点和次序。他只会把接到的所有工作任务记在笔记本上，然后每天上班打开笔记本一项项做，结果经常耽误了重要的事情，或者遗漏了紧急的问题。
>
> 后来，小钟读到了一本讲述四象限原则的书。看完书的第二天，他挑选了四种颜色的便利贴带到办公室，为每叠材料分别标上不同的颜色——

红色代表既紧急又重要；

黄色代表重要但不紧急；

粉色代表紧急但不重要；

白色代表既不紧急也不重要。

这下，小钟每天要做的工作一目了然了，工作节奏从容了许多。

只有在长期用四象限方法管理时间的操作中，我们才会养成正确的习惯，积累足够的经验。

具体的四象限划分标准如下：

一是既紧急又重要的事情，比如，应对企业安全事故、处理媒体等。这些事务应该马上去完成。

二是重要但是并不紧急的事情，比如培训、学习、组织规划、团队建设等。这些应该是我们平常工作关注的重点。

三是紧急但不重要的事情，比如传递信息、无关大局的会议等。这些事情如果不直接牵涉到自己工作业绩，要学会尽快处理完，或者能够巧妙地拒绝和推脱掉，以免被这些事情打乱工作节奏。

四是既不重要也不紧急的事情，比如闲聊、逛街、玩网络游戏等。在工作时间做这些事本身就有不妥，更会谋杀宝贵的时间，降低效率。所以，我们要尽量杜绝这些事情出现在事项清单中。

真正重要的事情，一定是你非做不可的，一定与目标息息相关，一定要达成预期成果，一定是为生活和工作带来积极效应的，一定是需要你亲自做的，如果不做，必将遭受损失。如果某件事情符合上述标准，那么，它对你而言，一定是真正重要的事情。你完全有必要将主要时间和精力向它倾斜。

为了让行动始终围绕着真正重要的事情,你需要学会"成果导向"的思维。所谓成果导向,指行动以成果为风向标,将主要时间和精力投资于那些与成果息息相关的事情;对于那些与成果无关紧要的事情,则果断舍弃。

大多数人都知道,对于第二象限的事情要尽量收缩,对于第四象限的事情则应当坚决舍弃。但在第一象限和第三象限的处理上,人们往往并不明智——很多人将主要时间和精力用于第一象限的事情。这使得他们长期处于高压力的工作状态下,四处"救火"、处理危机,弄得自己精疲力竭,严重影响自身健康和工作效率的提高。

要事为先原则要求我们关注第三象限的事情。因为第一象限和第三象限的事情存在着密切的转移关系:如果第三象限的事情得不到妥善的解决,最后会转移到第一象限;如果第三象限的事情得到妥善处理,将极大地缓解第一象限的压力。

华为明确要求员工关注第三象限的事情。华为的一位老员工说:"我在进入华为之前,以及在华为的初期,也是一个关注于第一象限的人。那时候感觉很糟,天天加班,而且工作质量也不尽如人意。后来我转为关注第三象限,发现整个感觉都改变了。这主要是因为第一象限与第三象限的事本来就是互通的,第三象限的扩大会使第一象限的事件减少。而且处理时由于时间比较充足,效果会比较好。"

【小贴士】四象限图

第Ⅱ象限： 不重要但紧急	第Ⅰ象限： 重要且紧急
例如： 无效的会议、电话、不速之客等。	例如： 处理危机、讨论工作、营业截止日期临近的任务等。
第Ⅲ象限： 重要但不紧急	第Ⅳ象限： 不重要不紧急
例如： 改善和建立人际关系网、学习、运动、发展新机会、家人团聚、长期工作规划等。	例如： 玩网络游戏、饮酒和抽烟、闲聊、阅读武侠小说、收看泡沫电视剧等。

理想的时间分配如下：

第Ⅰ象限：重要且紧急 50%	第Ⅱ象限：不重要但紧急 10%
第Ⅲ象限：重要但不紧急 30%	第Ⅳ象限：不重要不紧急 10%

二八法则，工作目标大还是小？

80/20法则是意大利经济学家帕累托最初提出来的，他认为：在世界上任何一组关系中，重要的、强势的、关键性的东西只占其中一小部分，大约20％；剩下80％虽然看起来数量庞大，却是次要的、弱势的。帕累托进一步推断：在任何特定群体中，只要能控制具有重要性的少数因子，就能控制全局。这一原理的重要启示是：在我们所做的努力中，通常有80％的收获，来自20％付出；另外80％付出，只能带来20％的成果。

事实上，无论是经济领域，还是政治领域，抑或体育和科学领域，二八法则一直在被世界上不同业务类型的从业人员在运用着。

威廉·穆尔，是美国某油漆公司的销售员，他刚刚进入公司的时候，第一个月只挣到了160美元。

这样下去可不行，穆尔感到很忧虑。受"二八法则"的启发，他惊奇地发现，自己这160美元中的大部分，只来自于其中20％

的客户。看来,自己对所有客户花费同样多时间的做法是错的!

于是,穆尔把所有精力倾注到最有消费愿望的客户身上。不久,他一个月就赚到了上千美元。

很多时候,我们可能会将大部分时间和精力花费在80%根本无法产生价值或价值很小的事情上,却忽略了真正重要的20%的事项。为了避免成为"忙碌但是无效"的员工,我们需要更加明确二八法则的重要意义。

第一,找出属于自己的20%。

怎样在工作中运用二八法则?

我们首先需要找到属于自己的那20%真正重要、最有价值的事情。为了达成这个目的,我们可以在工作中,每隔半天,记下这个时间段所完成的工作。然后在一天的工作结束时,统计一下每件事所花费的时间和产出的价值,然后计算一下价值和时间之比,比值最大的就属于20%的要事。这样的统计你起码需要坚持一周,将比值最大的事情罗列出来,就得出了20%的要事。

第二,集中80%的精力。

我们都清楚自己是凡人,既然是凡人,注意力分散、疲劳、厌倦、工作能力下降都是正常的事情。为自己设定一个不受打扰的时间,这可以根据个人习惯选择,因人而异。这段时间除非出了"天大"的事情,其他情况下一律将注意力集中在最有价值的工作上。

长期保持这样的状态,虽然时间并不算长,但你的精力能够有效集中,确保完成20%的要事。保持这种习惯,相信你的工作效率会有很大的提升。

【小贴士】 重要的 20％和不重要的 80％[1]

重 要 的 20％	符合我们自身强项的事情； 能够在主观上给我们带来快乐的事情； 能够在客观上为他人创造价值的事情； 能够帮助你实现人生理想和生活目标的事情； 你一直以来都梦寐以求的事情； 根据经验，确实能够带来 80％成果的事情； 能够帮助你节省时间、优化工作效果的事情； 能够激发你的创造力的事情。
无 效 的 80％	他人期待你做的事情； 可以委托却并没有委托他人处理的事情； 机械的惯性工作； 能够轻易解决的问题； 实际耗费时间远远超出事先预期的工作； 与缺乏办事能力、不值得信赖的合作伙伴共同负责的 项目。

——————

① 摘引自［德］洛塔尔·赛韦特：《把时间留给最重要的事》，中信出版社，
2008 年版。

第 **7** 章　高效率，做好「大事情」

老板就是你的大事

　　老板喜欢说这样一句话："事情不是做给我看的。"但实际上，谁会不注意老板的存在呢？老板决定你薪水的高低，决定你职位的升迁，不仅如此，老板对你的印象和看法亦决定了你今后工作能够获得多大的支持力度。

　　作为员工，我们只有让老板满意。

　　绝大多数老板的看法不仅代表他个人，而且反映了整个企业高层的决策方向。因此，选择做好老板关注的事，也就是在做正确和重要的事情。

　　1992年，23岁的卫哲大学毕业，成为上海万国证券公司总经理管金生的助理。

　　管总被誉为中国证券业的"教父"，他有个习惯，喜欢看剪报，但是他没有时间去挑选报纸，于是他把任务交给了身边的卫哲。卫哲每天定时剪报，并把报纸贴在笔记本上交给管总。当管总阅读的时候，卫哲仔细地观察他会留意哪些新闻，并在下一次剪报的时候多加体现。

渐渐地，管总越来越喜欢看卫哲的剪报，甚至到了不看剪报就不吃午饭的地步。也正因为如此，管金生看到了卫哲做事的能力。

两年后，卫哲以 25 岁的年龄，成为上海万国证券公司资产管理总部副总经理。

并不是所有的职场人都具有这种敏锐的意识，都能及时分析和把握老板的需要，更谈不上去关注老板的想法。他们只是在默默工作，担任着只有自己和同事知道的幕后英雄。直到他人依靠在老板面前的表现而功成名就之时，才明白这个道理，但这已经是迟到的醒悟了！

如何真正将老板的需要当成大事？

并不需要我们奴颜婢膝、丢掉自尊，只要真正将老板的思路看成工作中必须考虑的重要因素，相信任何职场人都能够做到这一点。

第一，了解你的老板。

对不擅长关注和发现老板特点的员工来说，世界上所有的老板可能都是一样的——忙碌、威严和高要求。但在聪明的员工眼里，老板是一本值得好好阅读的书。

看清楚老板的出身背景，你将能够分析他重视的工作环节；看清楚老板的教育背景，你会摸清楚他更重视技术还是经验；看清楚老板的性格，你将能了解怎样同他交流能获得最佳效果；看清楚老板的情绪变化，你将明白在什么时间点和老板交流是最有价值的……

总之，只有了解老板，才有可能获得他的肯定，才能创造出被老板所承认的效率。

第二，工作做在老板眼中。

老板不可能对企业每一个角落发生的事情都全知全能。想获得老板的认可，你还必须将工作做在老板的眼中。

这就需要我们在了解老板的基础上，经常同老板打交道，与老板保持紧密的沟通，及时向老板汇报工作进展和成果，并尽量在他的视线内做好工作。

比如，你发现老板对细节特别关注，那么你的工作就应该尽量体现你掌控细节的能力；当你发现老板喜欢能掌控战略全局的下属，你又应该表现出你的能够独当一面的能力。当然，这些成绩无疑是需要具体的工作成果来证明的。

第三，学会引导老板的视线。

我们还应该学会引导老板的视线。

老板也是人，他自然也会受到他人的影响。我们不应该认为自己人微言轻，就不敢去接近领导，而是要主动"出击"，向领导表示自己的工作能力，展现自己的工作效率和目标，从而获取他们的关注。

当然，更为明智的做法是像案例中的卫哲那样，通过为领导营造出某种习惯和需求，从而让他对你的工作产生依赖，并因此看重你的才能。这样，你将省去大量时间，直接进入职业的提升期。

请待在最有价值的岗位上

看起来都差不多的工作岗位，实际上真的价值相同吗？我想，凡是有一定工作经验的人，都不会给出肯定的答案。

各个岗位的价值不同，有的岗位能够很容易体现出工作者的能力，或者拿到工作者想要的结果，有的岗位则面临繁琐的事务、巨大的压力，却又"吃力不讨好"。

尽量去那些容易体现能力和价值、可以创造高效率的岗位，让所处的位置更适合你，这是我们在工作过程中必须时时留心的。

> 1975 年，郑李锦芬从香港大学毕业以后，进入政府部门担任行政主任。虽然这听起来是个"官员"，但真正需要发挥自己能力的余地并不大，每天就是按照流程、照章做事，履行行政上的常规手续。看着其他人在行政岗位上孜孜不倦地一做十几年，郑李锦芬感到这样的岗位对自己价值并不大。
>
> 1977 年，她辞去公职，来到当时的香港安利公司。当时的香港安利公司一共只有五名员工，郑李锦芬上班的第一天被告知，以

后就要由她来每天为经理泡咖啡。而在此之前,她自己既没有喝过也没有泡过咖啡。郑李锦芬问自己:"在这里做事还要学泡咖啡的吗?"但是,她很快就适应了下来,她认为,自己适合外企秘书这样的岗位,而安利这样的直销模式迟早会在中国市场掀起一阵风暴。

短短三年后,郑李锦芬取代了她的上司,成为香港安利公司的总经理。之后,郑李锦芬又晋升为安利公司的全球副总裁。

试想,郑李锦芬如果甘心待在政府机关,抑或因为要泡咖啡而忽视了后一份工作的价值,那么,直到现在她可能还只是个平凡的政府员工。正因为她选择并坚守了自己最适合的岗位,她才成就了一番事业。

想要有效率,岗位就是你的依托,你的平台。

第一,证明自己最适合该岗位。

如果你暂时找不到想要的岗位,那也不用气馁,做好手头的事情,加强学习,掌握该岗位所必需的能力和知识。

在长期的工作中,你也应该时刻关注机会的出现。一旦找到能够表现的场合,就应该勇敢站出来,证明自己比他人更适合这个岗位。

第二,别轻易离开你的岗位。

如果你已经找到了自己最适合的岗位,就需要坚持下去。

无论在这个岗位上碰到怎样的压力和困难,都不应当轻易说出"放弃"二字,更不能够表现出懦弱和退让,否则,以前所有的积累,都会变成一种无益的浪费。

未来的变化也重要

眼前的事情固然重要，它牵涉了你大部分的精力，占据了你能支配的时间；但把握未来的变化其实更重要。

抓住未来，我们才能实现自己的希望。

工作者往往会有"把握现在"的倾向。他们不大愿意考虑未来，担心因此陷入到白日梦的虚妄境界中去，或者浪费现在的时间。比如，"到时候再说"、"何必想那么多"，这样的话我们经常能够在职场中听到，而很多人也不感觉奇怪，这恰恰说明忽视未来的严重性。

其实，"把握现在"和"把握未来"并不矛盾。

做好现在的事，是为将来打基础；而预测将来的目标，我们才能有做好眼前的事情的动力。

明智的职场人会看到两者之间的关系，并将未来的变化也当做大事来处理。

沃伦·巴菲特，全球赚钱最高效的人之一。2008 年度的世界首富。他一生只投资几十只股票，却能够赚取如此巨大的财富，

"股神"称号名不虚传。为何巴菲特的时间能够如此值钱？其实，他的奥秘之一就是"面向未来"。

在巴菲特的价值投资体系中，有一条重要的理念：不要挑选现在看起来已经很"牛"的股票，并投资他们的未来。比如，巴菲特所有曾经投资过的股票，持有时间没有低于八年的，其中像可口可乐、吉利、美国运通等公司，给巴菲特带来的收益超过30％，这在股票投资收益比例中是相当大的。

巴菲特被称为"奥马哈的先知"，更有人相传他的话语或者行动都会影响股市。他自己则说，无论看待工作还是股市，都应该透过前窗向前看，而不能只通过倒车镜看后面。

巴菲特把未来当成大事，并非忽视脚踏实地。因为，未来代表目标和前进方向。忽视未来的人，即使完成了手头的工作，也不一定能迎来高效和成功。

公司里纷纷传言，高层人事马上要发生变化，新的副总是"海归"背景，他强调市场营销的重要性，更看重国际电子商务的平台。

老黄是销售部门下属某分部主管，他对这样的传言不屑一顾："不管谁来，还能不让我工作？我不是照样在跑市场嘛。"

于是，老黄并没有像其他人那样学习和了解国际电子商务，反而更加埋头苦干开展自己原有的那些业务。

不久，新的副总上任了。上任伊始，他就宣布，所有员工都要通过电子商务的培训和考试，不合格的将从基层员工重新做起。老黄这才慌了神，可时间已经不允许他慢慢学习了。老黄的成绩位列倒数，予以降职，他成了副总"杀鸡给猴看"的"刀下之鬼"。

老黄如果能对未来的事情保持清醒的认识，看重这些变化，他的时间也不至于浪费，而他的职位也应能保住。

把握未来要注意以下三点：

第一，看清个人发展方向。

如何做到看清个人发展方向？

我们不妨先看清楚自己的学历、知识、能力和岗位，再观察自己的同事、上级、客户给出的评价，判断自己是否适合目前的工作岗位。

一旦明确自己的个人发展方向后，我们将能够根据不同现状，采取不同方法，进行积极有效的改进，以便让工作时间发挥更多效能。

第二，看准企业和行业变化。

个人的未来，系于企业、行业的发展，即使像巴菲特这样的天才，也不可能不受大环境的影响。所以，除了看清自己的未来之外，我们还应该看清企业和行业的未来。

职场人应该学会分析身处环境的变化，对这些变化了解得越多，我们就越能树立正确的心态，找准工作的切入点，从而让自己的工作效率获得提高。

第三，找到自己同他人的契合点。

当我们与他人合作时，应该将眼光放在未来的契合点上，不要因为目前的分歧，而看不到未来成功合作的可能。比如，客户目前不能接受我们的产品，但这并不代表未来也是这样。

第 **8** 章

高效率,请勇敢拒绝

　　"人在职场,身不由己。"这是很多职场人经常发的牢骚。但是,并非所有工作者都是这样。

　　只有勇敢拒绝浪费时间的工作者,才更有效率;而唯唯诺诺,面对任何情况都说"是"的工作者,时间将被无端浪费和消耗,难以收获工作的成就感。

再见杂事，别来动我的时间

职场之中，无论是身居高位，抑或处于基层，都会受到同一种"幽灵"的困扰。这个隐形的"幽灵"神出鬼没，常常在你最想不到的情况下出现，在你毫无意识的情况下降低你时间的价值。

这个"幽灵"就是——杂事。

杂事看起来必不可少，其实可有可无。杂事似乎被包装得很重要，但实际上无法体现工作者的能力和价值。所以，我们应该坚决对杂事说再见，并巧妙地让杂事远离你，保护你那不可多得的时间。

王昊是某俱乐部的客户总监，平时工作很忙。虽然身为大客户经理，但王皓依然是公司的一名员工，公司要求做的日常性工作还是要完成。比如说每周的工作总结、工作计划、卫生检查以及一些费用的统计报销等，都需要定期的汇报上交。但这些事情并没有浪费王昊太多时间，大部分工作他都会交给下级处理。

让琐事不再占用自己太多工作时间，这让王昊有了更多的时间去服务客户，也大大地提高了自己的工作效率。

可见，在面对杂事的时候，职场人最可贵的品质不是"逆来

顺受"、"坚忍不拔"，他们更需要的是"勇气"和"智慧"，来尽量减少杂事对工作效率的降低。

如果做不到这点，你将成为"杂家"，并难以丢下越来越沉重的负担。

那么，工作中怎样赶走这些令人讨厌的杂事呢？

第一，培养判断杂事的眼光。

刚进入职场的新人，往往并不具备这种眼光。他们既难分清楚什么是工作的重点，也看不出工作的"鸡肋"何在。结果往往本末倒置，在杂事上面浪费太多精力，自己应该把握的业务重点却没有加强。

尽快培养甄别"正事"和"杂事"的眼光，对于工作效率提高大有裨益。

我们不妨去看看公司中那些被称为业务骨干和尖子的人都在忙什么，从他们的工作日程中了解哪些是单位的杂事，哪些则是真正产生业绩、提高评价的有效工作。

我们还可以以领导对事情的关心程度来分析：领导经常问及、提及的事情，自然是具有较大价值的事情；而领导一带而过，甚至你报告之后他只是点头示意"知道了"的事情，自然算工作中的"杂事"。

第二，形成拒绝杂事的能力。

比陷在杂事中更痛苦的是什么？那就是明明知道是杂事，但仍然不得不做。

其实，杂事并不是难以拒绝的。有效而不伤及脸面、不违背公司内部游戏规则的拒绝方法有很多。比如，礼貌地表示自己手中有事，或者抬出级别够高的上司表示手中任务的重要性，或者采取拖延的方法等。这些方法虽然不能明显地表现出来，但都可以保护你的时间不至于被杂事所瓜分。

第三，锻炼迅速解决杂事的手腕。

虽然有各种各样的方法加以回避，但谁都不可能不面对杂事。按照"莫非定律"，杂事非常有可能在你最忙碌的时候突然集中出现，将你的工作效率重重围困。

为了应付这种情况，我们必须锻炼出迅速解决杂事的工作能力，扫清这些杂事带来的威胁。比如，用三言两语交代完事情，以上司的名义将杂事交给其他比较空闲的同事来做等，都能够起到这样神奇的"清洁"作用。

第四，学会勇敢地说"不"。

要专注于重要的事情，必然需要舍弃那些不重要的事情，高效率人士懂得在必要的时候果断地说"不"。然而，在生活和工作中，一个简单的"不"字，却难倒了很多人。他们拒绝别人的请求时感到压力重重，在他们的内心，始终特别关注自己在别人心目中的地位和形象，竭尽全力树立好印象。

当然，在特殊的场合下，我们不得不应承一些原本不属于自己的工作。但是，一味充当好人，最终只会沦为打杂的人。记住，你没有责任和义务为他人的事情负责，但你不得不对自己的事情负全部责任。

【小贴士】拒绝"杂事"的技巧[①]

面对别人拜托的工作，说"好"比拒绝容易很多。答应是很轻松的，但是拒绝要冒着得罪别人的风险，会给自己造成精神负担。因此，说"不"的时候，不仅需要考虑对方的心情，还需要一定的策略和技巧。最理想的效果是，即使对方被拒绝了，下

[①] 摘引自李来泓：《时间管理知识全集》，金城出版社，2007年版。

次依然会来请求你的帮忙。这里简单介绍几种：

1."请给我一些考虑时间好吗?"或者更具体一点:"让我想一想,一个小时后我给你回电话好吗?"一个小时以后,你打电话给他,客气同时清楚地说"不",不需要进一步的理由。

2."这是一个非常好的建议!"你先认可对方的建议,然后让他清楚,你现在正忙于一项很重要的任务,因此对这一建议只能遗憾地说"不"。

3."我非常珍惜这次机会!"当你得到对方的请示或询问时,首先抱以肯定的态度,并且加强与对方的关系。然后用这样的话告诉他:"没有人比我更愿意与你一起干,但这一次我必须拒绝。"

4."我有自己的原则,这类事我向来是不干的。"如果对方知道拒绝不是出于个人原因,而是由于原则,那么他就不会继续追问了。

5."嗯……不。"如果你想说"不",你就说"不",不过说"不"之前稍微停顿一下,给别人一个思考和理解的信号。

及时清空，关注任务中转站

任务完成以后，获得满足的心情，这是人之常情。不过，在这之前，千万别忘了做一件事情——看看自己的任务中转站有没有清空。

任务中转站里面有什么？简单来说，那里面装满了完成度在 1%～99% 的任务，在工作者自己看来，这些任务似乎正在进行或者将要结束，但在领导或者客户来看，任务还是同它们一开始那样毫无变化。不要因为你对任务回收得不及时而给他们带来这样的印象，否则，就算你工作完成得毫不拖沓，也一样会得到"工作效率不高"的评价。

> 丁辰被分到办公室主任的手下做文员，主任有任务就会首先布置给她。
>
> 但她发现自己的工作节奏和主任一点也不同，她比较喜欢以前的上司，那时候，她总是做完事情才上交，而现在的主任，总是紧盯工作进度。
>
> "小丁，这件事做得怎么样了呢？"
>
> "小丁，那件事情你动手了嘛？"

丁辰觉得不厌其烦，她在心里抱怨说："为什么这么婆婆妈妈啊，我一起做好给你不就行了么？"

结果，主任也对小丁很有看法，他对自己的上级说："丁辰这个小年轻，做事情积极性不高，从来不向我报告，都要我去问她。"

丁辰虽然每天都在忙，但在主任和他的上级眼里，依然是个工作效率低的人。

清空你的任务中转站，不仅是为了显示出高效率，同时也可以体现自己注重细节、尽职尽责的态度和能力。

优秀的工作者不需要别人给他们做"善后"和"扫尾"工作，因为他们自己能独当一面。

李慧是公司的财务人员，负责公司大大小小的财务问题。一开始，李慧不经常向经理汇报自己的工作，结果她发现，经理隔三差五就会将她叫到办公室问这问那，既耽误时间，又影响工作节奏。为了能够让自己的工作正确有效，同时让领导能够了解自己的工作情况，李慧开始向经理汇报自己的工作，并顺便请示下一步工作。

刚开始这样做的时候，李慧也害怕经理会觉得自己很啰唆，会不耐烦，但李慧发现，经理不但没有对此厌烦，反而经常赞赏她工作做得不错，这让李慧有了更大的动力。

其实很简单，李慧就是每天把事情汇总，然后把相关部门提交的资金申请和报销单据让经理过目并批示。这样，经理既了解了公司的财务情况，也了解了李慧每天的工作内容。当然，有的时候李慧也会调整汇报频率。同时，因为要经常主动汇报，所以李慧每次也会把工作完成得很好。最重要的是，经理再也不会在李慧最忙的时候向她询问情况了。

李慧及时提交"中转站"里面尚未提交的任务,让领导看到了她的努力,也体现了自己的工作责任心,换取了更大的职场价值。

第一,定时检查"任务中转站"。

养成一个好习惯,你将受益终身。养成定期仔细记录、分析备忘录的习惯,确保那些任务已经真正地完成了。这样的习惯虽然看起来会占用掉你一小部分时间,但实际上,它会带来更多的价值。

第二,给你的"任务垃圾"做分类。

你必须关注那些迟迟没有结束的任务,如果它们既不应该"未完成",也还没有"完成",就说明它们属于不正常的"任务垃圾"。不妨给这些"任务垃圾"分类,你可以将之归类为可回收和不可回收两种,以更好地处理它们。

第三,用更多的方法清空"任务中转站"。

对于可回收的"任务垃圾",你必须重新找到解决的方法,必须及时进行处理,而不能任由它们停留在"中转站"中。这样起码当上司问起的时候,你能提出新的解决方案。而对于不可回收的"任务垃圾",则需要你及时向上司报告或求援。其中一部分已经能够达成成果的事项,应该及时提交,而另一部分可能存在无法解决的问题,则需要你汇报上级。

请勿打扰！ 专属的时间

同面对杂事一样，很多情况下，工作者不得不面临意想不到的打扰。尤其是身处基层的员工，他们面临的打扰事项更多，既有来自上司的需求，也有客户的突然到访，或者是同事的意外之举。

想办法拒绝打扰，并不是希望职场人都变成只会埋头工作，不懂交际的"工作狂"，而是通过特定的办法，让自己避免成为被打扰的对象，保护好自己的时间。

苏雪是动漫杂志新来的编辑，人很热情，常积极地去帮助大家。而很多同事也习惯在需要帮忙的时候想到苏雪。

平时，苏雪要处理与文字有关的事情，这是需要静下心做的。有时候苏雪也会有些郁闷，因为她的工作往往被领导催得很急，但又不好意思拒绝别人的请求，工作因此无法很好完成。

对于苏雪来说，拒绝别人需要很大的勇气，但为了能够有效率，她只有改变自己。苏雪尝试很坦诚地告诉同事自己手头上有很紧急的事情，看看能不能晚会儿。当苏慧这么说了之后，同事也都很理解。苏慧发现，她和同事的关系并没有因为一次的拒绝而发生变化，而且，自己的工作也能够很好地完成了。

案例中,苏雪的坦诚使其避免了在工作中被打扰,保证了工作及时完成。

第一,正确应付同事的打扰。

对于同事的"打扰",最好的拒绝方法莫过于"挡"。对于同事的"打扰",直接拒绝或者默不作声都是不明智的,前者显得伤感情,后者让人感觉你愿意"被打扰"。不妨让对方看到自己手头任务的重要性、紧迫性,大部分同事都会自觉停止打扰的。

第二,聪明应付上级的打扰。

在有些工作者的印象中,自己并没有多少对时间的掌控权,而是"领导让做什么就做什么",但他们忽略了一点,上级其实也有可能是"打扰者"。

应付上级的"打扰",我们要做好"引"的工作。之所以称为"引",是因为引导好自己的上级,也是工作者应负的责任之一。当然,下属始终是被上司领导的,所以,如果上级坚持自己的意见,你也需要及时放弃计划,按照他规定的方向前进。但如果在此之前,当上级关注的焦点并没有集中在目前工作上,你不对上司进行引导,是不是对自己和上级都不太负责呢?

放下你的手机

电话一方面为我们提供着方便,另一方面又在降低我们的工作效率。当你可以随时随地通过电话找到他人的同时,也意味他人可以随时随地利用电话找到你,这也就意味着工作者被干扰的可能大大增加了。

学会控制电话交流,保护自己的时间,也是工作者必不可少的能力。

张航是公司业务人员,平时有很多工作需要和公司或者客户进行沟通,经常利用电话来联系。

但是张航发现,用于讲电话的时间越来越久,甚至耽误了工作。为此,他摸索出了一些打电话的技巧。

首先,无论谁的电话,无论是接还是打,张航都会在这之前调整好自己的心情和状态,同时将注意力集中到工作重点上,这样在谈话时很快就能切入正题。

总之,张航很好地控制了通话的时间,与此同时也始终都让对方觉得自己很热情、真诚。

究竟如何避免被电话干扰到降低工作效率呢？

第一，拨打电话前仔细考虑。

生活中，我们可能一时兴之所至，拨通熟悉的号码，痛痛快快地煲起电话粥；但是职场上没有人愿意和你花费大量时间在电话里聊天。所以，拨打电话给之前一定要考虑清楚：拨打这个电话是否有必要，有哪些事项要在电话里说清楚，哪些事情没有必要放在电话中说，诸如此类的问题。

第二，接听电话注意引导对方。

接听电话时，碰到对方难以控制话题时，应注意及时引导，不能放任对方信马由缰、天马行空。比如，对方抓住一点不断扩展联想，或者闲扯和工作无关的话题时，你必须要有意识地将谈话引到主题上，以保证工作效率。

第三，必要时迅速结束电话。

如果感到谈话实在浪费时间，我们可以及时结束电话。但是，结束电话必须要有一定的技巧和时机，既不显得唐突，又能保证我们的工作时间不受干扰。比如，不失时机地告诉对方，"现在开会了"，这样，挂电话就显得合乎逻辑；或者告诉对方，"信号不好"，也可以作为结束电话正常的理由。但是，千万不要说"我一会打给你"，但又整整几天不回复别人，这样的行为显得相当失礼，也得不偿失。

清谈无益，"你们聊我先走"

职场中，虽然不少公司书面上都有禁止工作时间聊天的规章，但事实上还是随处可见经常在一起以探讨工作为名清谈的员工。不可否认，必要的情感交流，对于工作者自身缓解压力、克服疲劳、了解彼此都有着相当的作用。但聊天这件事，毕竟适合放在下班以后的社交场合，而不适宜在工作场合进行。

所以，显示出必要的态度，让同事看到你不愿参加过多的清谈，是工作者保卫自己时间的重要手段。

周五的下午，整个公司已经开始弥漫要下班的气氛。但何飞还在埋头工作，一旁的几位同事已经聊开了。

各种话题不断传入耳中，让手头还有不少事情的何飞感到不胜其烦，但他又不想打扰同事的兴致。

想了想，何飞从抽屉里拿出 MP3 的耳机……

"呦，不错的耳机啊，啥牌子？"

眼尖的小耿看到，凑了过来，何飞冲她笑了笑，继续整理自己的文档。小耿看见电脑上满屏的数据，没说什么，退了回去。

过了一会，办公室渐渐地安静了下来……

何飞用行动暗示，并借助小耿提出了建议，结果获得了高效率。

　　反之，如果陷入清谈，缺乏相应的控制和约束力，放任自流，结果你会发现时间很快流逝，工作陷入停顿。

　　我们该如何回避清谈？

　　第一，不要主动引发无关话题。

　　基于对同事的了解，你应该熟悉他们各自喜爱的话题，当工作时间和他们接触时，不应该主动引发工作以外的话题。

　　比如，某个女同事对韩剧兴趣很大，作为私下交流完全可以，但工作场合引发她感兴趣的话题明显不明智，"惹火烧身"的结果是让你无法安心工作，陷入到毫无边际的话题中。又比如，某男同事对英超非常热爱，如果你在办公室里扯出这样的话题，也明显是在同自己的工作效率过不去，换来的结果，很可能是你工作时间里充斥了球队的光荣历史和巅峰对决之类的评述，造成了时间的浪费。

　　第二，表现出对话题的回避。

　　很多情况下，不主动引发话题还不足以保护你的时间，在清谈气氛形成之前，你还要学会及时地回避。比如，大家都在对公司的奖金制度发表牢骚，而且一人一句说起来没完，你明知道发牢骚改变不了现状，更会耽误工作时间，就不用迎合这种氛围。这样既没有扫谈话者的兴，也反映了你的回避态度，减弱了谈话者进一步讨论的愿望。

　　第三，及时展露态度，事后弥补。

　　必要情况下，你应该及时展露出自己真实的态度，及时掐断嘶嘶作响的谈话"导火索"，防止一场毁灭工作效率的"大爆炸"发生。当然，事后你还需要对这样的行为做一些弥补。比如，在工作休息时，可以主动找到谈话者，继续刚才的话题。这样，既让对方的情感有了继续宣泄的渠道，不至于让你在同事眼中成为"不近人情"的代名词。

无效会议，费时费事又费神

一个残酷的事实是，对于基层员工和中间管理层而言，30％的工作时间用在了会议上，而高层领导开会的时间自然就更多了。

没有清晰的议程，没有明确的目标，自然也就不会有任何实质性的会议成果。一家顶级的企业咨询公司曾经做过一项研究，其结果显示，40％的会议时间都不能带来任何产出。这无疑是一种对员工时间和公司资本的浪费。

那么，怎样提升会议的效率呢？

第一，确定召开会议的必要性。

许多会议是无关紧要的，有时，你可以传递备忘录、召开电话会议，或者单独与人沟通，你甚至还可以把事情放到其他会议上讨论或在其他时间给予解决。如果没有必要，就尽量不要召开会议。

第二，制订会议议程。

如果你确定有必要召开会议，就应该为会议制定清晰的目标并订下议程。将会议涉及的全部内容列出清单，在每一项的旁边写上你期望能够解答该问题的人的名字。如有可能,至少提前 24 小时把该议程分发出去,让每个人都清楚他被期望做些什么、会议的目标以及即将讨论的内容。

成功会议的重点之一就在于一份结构分明、重点突出并且包括合理时间预算的议程安排。如果把会议的过程看作一次长途旅程,那这份议程就相当于一张详尽的行车路线图。会议的召集者除了要在开会之前就制订出一套合理的方案以外,还必须保证与会者在会议的整个过程中始终能够看到这张指导性的会议流程图。

第三,按时开始,按时结束。

在特定时间开始,却不知何时才能结束的会议是非常糟糕的。如果时间计划难以执行,再合理的议程也会落为一纸空谈。

时间计划除了包括开始的时间以外,当然还应该涵盖会议过程中的流程控制。如果在会议进行的过程中就发现剩下的时间不够完成所有的议程安排,也不要擅自将散会的时间延后。

第四,做好会议记录并相互传阅。

缺少记录的会议是绝对不可能成功的!因为,只有拥有一份内容翔实的会议记录,领导者才能掌握会议的讨论结果,并且在会后持续监督其实施效果。对于那些议题复杂的会议来说,委托一位或两位专门的记录员就显得更加重要了。他们需要在会议过程中始终参与其中,并且在必要的时候记录下重要的讨论结果与会议进程。做好精确的记录,并尽量在 24 小时之内传阅会议记录,这是从会议中获得最大效率的关键。

第 **9** 章

高效率,改掉坏习惯

工作者都有自己的习惯,这些习惯是长期养成的,其影响力之大,往往工作者自己都没有意识到。

好的工作习惯固然会帮助我们提高时间的价值,坏习惯也如同侵蚀大理石的酸液,它们会无形中破坏你卓有成效的工作态度,降低你时间的价值。

想完美？ 别给自己找麻烦

每个人都梦想成为完美的工作者,然而,世界上真的存在所谓的"完美"吗?

答案是否定的。

只有认识到工作应该是不断发展的,我们才能在工作中不断发现方法存在的缺点,接受工作结果的不如意,并意识到改进工作状态和提高工作效率的必要性。而一旦将"完美"定为每一个步骤必须要达到的结果,势必会造成工作者的过度疲劳,他们将在追求完美的过程中消耗掉大量的时间和精力,并迷失自己的工作目标。

工作者应该了解不同工作步骤的要求,而不是一味地追求"做到最好"。

从理论上来说,任何工作步骤都可以做得更好,但是从实际上来说,无论市场还是客户,都不可能等待你将一切都做到最完美。即使是团队和上司,也无法容忍完美主义者。因为他们对工作结果过高的要求,是以拉低团队效率为代价的。

S刚刚担任销售经理,对所有下属的工作都要求做到百分之百完美,对自己就更不用说了。

某次,按照工作计划应该去拜访某家客户,并提交项目评估报告,但是,S在去之前又仔细看了报告,然后叫来了助理:"这份报告里面的数据还是有些不太明确,你们怎么做的?"

助理说道:"客户对这些数据要求并不高,他们只希望看到项目大体的方案,以便尽快从厂商中确定几家深入谈判……"

助理的话被S打断了:"重新修改明确,取消和客户的见面。我不能带着不完美的报告去见客户。"

助理照他的话去做了。他们第二天才去见客户,然而就是这一天的推延,竞争对手将报告送到了客户的手中。

S过于追求他所需要的完美,却没有照顾到客户的需要,结果遭到了失败。

学会容忍工作的不完美,并不代表对工作质量睁一只眼闭一只眼,而是应该学会兼顾质量和效率,学会分辨不同的重点。

在必要的情况下,不强求做到"完美",而是追求效率,及时转化工作时间的价值。

庞明带着资料来到客户公司,打算进行一次技术培训。

培训快要开始了,庞明发现对方的电脑无论如何也读不出自己的优盘。这种技术培训惯常PPT演示,但时间只剩下一个小时,再回自己公司换已经来不及了。"怎么办?"助手焦急地问道,"是取消培训,还是换一种培训方式?"

庞明很快决定,换一种培训方式,就算效果不如以前,也要保证公司的信誉度。于是,庞明和客户商量,打算将培训地点换到对方公司的机房,从所有人坐在底下听课,改为上机实验。

> 　　新的培训形式受到欢迎，他们很乐意自己动手操作，虽然庞明和助手对这种形式不够熟悉，培训的时候难免衔接得不够紧凑，但最终的效果还是相当不错的。

　　必要的情况下，我们要敢于拿出"不完美"的东西。

　　要避免"完美"倾向，应做到以下几点：

　　第一，动态看待工作任务。

　　对于工作任务，我们需要以动态的眼光进行分析和评价，而不是用固定眼光看待。

　　拿到工作任务以后，工作者应该从任务的目标、价值来进行评价，并将之放在整体工作环境中来确定其性质。的确，有的工作需要完成得极为优秀，但也有不少工作需要较高的效率来让评价者满意。我们必须学会看重后者的价值，并找到获得价值的方法。

　　第二，少制定不切实际的目标。

　　刚刚进入职场的新人往往会制定不切实际的工作目标，比如，成为销售的第一名，或者迅速被提拔等。然而，这种目标不可能一蹴而就，为了实现这些目标而要求工作的"完美"，更无异于南辕北辙。

　　工作目标应该恰如其分、贴合实际，这样，才能有完成的动力和勇气。过于完美的目标会让工作者始终感到自己能力不足，导致在工作中丧失自信、降低效率。

　　第三，注意评价者的感受。

　　工作者还应该多注意评价者的感受，而不是只听见自己内心追求"完美"的要求。

　　产品的"完美"与否，往往是由使用者、客户来评价的；下属的工作做得完美与否，往往是由上司来评价的。因此，多征求他们的看法，往往比自认为"完美"更重要。

别泄气！ 请为效率加加油

观看过马拉松比赛吗？率先冲破终点线,除了要具备卓越的实力以外,还需要意志。

职场犹如一次马拉松比赛,不仅考验你的能力,同时也考验你的韧性。

意志力不坚定的职场人,常常会因为工作中的失败而唉声叹气,感到悲观失望。他们应该在泄气之前,为自己的效率加油。

职场上,我们要在精神上始终保持乐观向上的态势,始终看到工作发展的积极面,朝着事先设置的目标勇敢前进。

缺乏这样"勇敢的心",你的工作效率将犹如"泰坦尼克号"一样沉没。

朱瑶刚大学毕业,进入公司之后她发现自己什么都不会,课本上学到的知识在工作中完全不衔接,这让朱瑶很苦恼,心里的压力也很大。

当她在工作上做错或者没有做好的时候，同事往往会用奇怪的眼神看她，甚至有人偷偷说："难道在大学里没有学过吗？现在的大学生到底都学了些什么啊？"这时候朱瑶就会很委屈，觉得自己的自尊心受到了伤害，也因此觉得同事都不友好。每天早晨醒来，就觉得上班是一件很痛苦的事情。情绪越来越糟糕，朱瑶没有一个好状态投入到工作中去，持续低效率的工作上让她失去了动力和信心，在单位也变得不喜欢说话，最终实在是受不了工作的压力，而选择了辞职。

高效的工作者，不仅在顺境中能够奋勇向前，在工作的逆境中也能不甘失败，他们不会因为失败而沉寂，相反，失败犹如一味苦药，更能激励他们提升效率。

原一平身高一米五出头，他刚参加保险销售工作时的前几个月，连一份产品也卖不出去。但是，原一平从小就是顽强的人，他不相信自己会永远失败。每天清晨他起来对着镜子，都会大声地为自己加油。早上去上班的路上，原一平会对社区和路上的行人大声地问早安。不少人一开始都感到奇怪，后来逐渐适应，最后大家都认识了这个精神焕发的小个子。

原一平坚持这样做了一个多月，某天早晨，一位企业家在路上拉住了大声说早安的他："你吃了早饭没有？我请你。"原一平客气地拒绝了，对方问起他的职业，当知道他是保险销售员之后，对方毫不犹豫预定了一大笔业务。

不甘失败的原一平最终成为了日本保险销售历史上连续 15 年保持头名的传奇人物。

如何像原一平那样，即使面临失败，还能保持高昂的斗志呢？

第一，消灭不良情绪。

想获得高效率的工作状态，你首先要善于消灭工作中的不良情绪。

不良情绪人人都会碰见，比如急躁、失望、骄傲等，这些情绪很可能让你心态失衡，效率降低。优秀的工作者会发现自己的不良情绪，并主动调整。通过消解不良情绪产生的原因，他们能够平复情绪的波动，从急躁走向从容淡定，从失望走向满怀信心，从骄傲走向客观。

第二，激活自身能力。

当你感到工作任务困难重重时，是否想过放弃？

其实，越想到放弃，工作就会越快失败。反之，告诉自己必须完成，置之死地，获得的将是能力充分的激发。

第三，尽快主动分析失败。

为了尽早从困难带来的压力和失落中走出，职场人应该学会主动分析失败。

在遭遇困难的第一时间，就应该主动分析问题产生的原因。精力越是放在分析中，用来自怨自艾的时间就会越少。同时，通过主动分析，从失败中得到的经验也会逐渐积累成宝贵的财富。

别浪费！ 用好时间的边角料

在前文中，我们介绍了减少杂事的方法。但这不是灵丹妙药，我们依然会很大程度地受制于同事、领导或者客户，丢掉我们宝贵的时间——而这，往往是我们必须接受的现实。

正因为如此，我们更应该注意用好时间的边角料。虽然我们不可能指望靠这些零碎的时间完成困难而重要的任务、创造了不起的业绩，但是，积少成多，带来的力量是你想象不到的。

季羡林是国学大师，他对于时间的运用可谓独树一帜。

季羡林经常"在路上"学习，他养成了一套独特的思维方法，能做到在火车、汽车、轮船上甚至骑自行车时，大脑一直高速运转，进行知识的梳理和分析。

同时，他还曾经说，许多形式比内容重要的会议，总是充满了冗长的发言，其中不少话都是空话、套话，并没有多少真正的信息量传播，也无法创造多少成果。于是，季羡林这时候大部分精力都用于构思文章。

正因为对时间的高效利用，季羡林掌握了 12 国语言，并担任北京大学副校长的行政职务，同时为东方文化留下了丰富的研究成果，完成了令人称奇的工作量。

如果不注意合理利用时间、抓住一切可以利用的机会,工作者对于时间的利用将变得相当被动。如果认识不到这一点,总是寄希望于"静下来"再做,你很可能永远做不完。

第一,留下你的小任务。

怎样保证零碎的时间都能派上用场?基本的条件是要确保你有足够的小任务放在这些时间内做。但是,不少工作者宁愿将完整的时间拆分给不同的小任务,也不愿意将简单的小事留给零碎的时间。

及时整理较为琐碎的任务,并暂时将不需要马上完成的搁置在一边。这样,当零碎的时间来临时——比如下班前的 20 分钟、等待开会时的 10 分钟,参加宴会前等人的时间等,你可以马上处理,完整的时间则用于专心致志地做完重要事情。

第二,路上时间利用好。

作为一名上班族,尤其是大都市的上班族,每天花费在交通工具上的时间会很多,利用好这些零碎时间,一定可以大大提升效率。

如果你的上班之旅不算拥挤,你可以很轻松地在路上整理一下工作事项和顺序,保证一进入办公室就着手开始工作;或者阅读和工作有关的书籍,给自己充电。

当然,如果,每天都得面临拥挤的地铁或者公交车,也有其他的办法来做工作的预备。其中最实用的一招就是将需要记住的事项、会议等内容录好音,然后放进 MP3,相信再拥挤的车厢也不至于让你无法将耳麦放进耳中。

第三,掌握零碎时间的规律性。

某些零碎时间是规律性的,对于这些时间,我们完全可以将其当成固定的时间进行安排。比如,等地铁或公交的时间、在餐厅里等待午餐的时间,诸如此类。

　　如果你长期熟视无睹,只会导致珍贵的时间白白从指缝中溜走;但一旦掌握规律,就能为它们"量体裁衣",安排各种各样的小任务,以填补空白。

别放松！给自己一点压力

效率来自动力,而动力来自压力。

没有压力的世界,似乎美好,但从物理上都无法设想压力变为零——那样的话人类会惨遭灭顶之灾。

因此,工作中还是给自己一点压力比较好,这才更符合自然和社会的规律。

许多工作者都有这样的感受:当我们觉得没有具体要求和目标的时候,比如老板没有明确告诉我们任务完成的日期,或者客户不再催促我们,抑或没有人同我们竞争的时候,此时,效率是不是明显降低不少呢?

这种现象,被称为"海绵效应"。

当我们用力挤压海绵的时候,海绵会不断渗出水来;而一点不予挤压,海绵看起来好像已经没有多余的水分了。

王建是公司的副经理,他有非常好的工作习惯,对自己高标准、严要求,并适时会增加压力,让自己始终在一定的压力下。

当自己没有很好完成工作的时候,他一定会进行深刻的反思,而且对于接下来的工作重新整理出详细的计划,并严格要求自己。

可见，拥有一定压力的人其实是幸福的，因为他们更可能创造出优秀的成果。给自己一点压力，可以从以下入手：

第一，树立人生目标。

工作是为了什么？工作是为了获得更快乐、幸福的人生。

所以，不妨在工作中保持积极、乐观的心态。你应该告诉自己，工作既可以改变世界，又可以充实自我。

第二，找到超越对象。

不管你位于职场金字塔的哪一层，请一定要找到一个自己想超越的对象。

不要轻易地告诉自己"我到顶了"，而要始终看到比你更高更快更强的人。

比如，刚入职场时，你应该学会去看那些已经从"新人"变为"老鸟"的师兄师姐，并将他们当成自己的超越对象；而取得一定成就的时候，你又应该找到业界鼎鼎有名的精英，并同他们进行比较。

总之，这样的超越对象会让你始终感到自己的不足，需要努力学习，而不是让你觉得可以停下来休息了。

第三，处理好压力。

有压力的员工并不少，但是由于处理不好压力，压力始终难以转化成动力。

工作者应该明白怎样转化压力。当有一天你感到有压力才是工作的常态，并能心平气和地接受时，压力转化成动力的可能性就会相当高，而你的工作效率也会随之增加了。

第四，营造紧迫感。

适度的紧迫感可以促进行动的速度，帮助你缩短实现目标所花费的时间，从而提升效率。

为了营造紧迫感，你需要将每天的行动清单安排得紧凑些，让自己始终觉得还有事情等着你去完成。

第五，比截止时间提前完成。

比截止时间提前一点完成，可以预留缓冲时间。这样即使因为突发情况耽误了进程，也不会影响最终的结果。

别懒惰！改掉拖延的毛病

拖延是效率的大敌，很多本来可以立即处理的文件，却因为拖延而累加；本来可以立即行动的事情，因为拖延而越聚越多……拖延造成的事项累加，也会给我们造成巨大的精神压力。

那么，如何有效地克服拖延呢？

第一，把事项写在纸上。

在开始行动之前，将工作分解为一系列行动步骤，逐条写在纸上，简单地写出所有细节并事先做好准备。

第二，准备好所有的资料和工具。

在你坐下来工作或开始处理一项任务时，要确保手头备齐了所有物品，这样，在工作完成之前你就不必起身或到处走动。

第三，从小事做起。

孔子说："千里之行，始于足下。"一旦采取行动，哪怕只是一小步，你也能发觉自己在不停为完成任务而努力。

第四，完成你最害怕的任务。

实现目标的过程中，总存在你最害怕的障碍。通常，这与

没信心克服失败或怕被别人拒绝有关;在销售环节中,它可能与预期有关;在管理环节中,它可能与培训或解雇员工有关。在人际交往中,它可能与不愉快的个人境遇有关。

通常情况下,如果先处理给你带来最大压力、最让你恐惧的事情,你将更有效率。通常这种做法可以帮你在工作中打破僵局,解脱心理和情感上的束缚。因为你连最害怕的困难都克服了,那么,剩余的困难就不在话下。

第五,思考没能处理或完成该任务会有什么负面影响。

如果工作没有按时完成,将发生什么事情?恐惧和期望对人类的行为有着巨大的激励作用。人们总是期望在完成工作时获得好处和回报,有时,你可以利用这一期望激励自己,想一想如果没能按照承诺完成工作将发生什么事情,产生什么消极后果;有时,你也可以通过这一方式激励自己采取行动。

第六,给自己预留 15 分钟。

预留一段时间——只需要下定决心专心工作 15 分钟,不要担心其他事情。这一技巧将让你投身于任务中,这样,完成任务的可能性就更大了。

第七,保持快节奏。

快节奏是成功的关键,下决心在工作中保持轻快的节奏。有目的地规划你的生活、工作,以便你能经常处于"快节奏"状态,这是获得成功的关键。

第八,承诺务必兑现。

如果承诺实在难以兑现,你需要提前告知别人,并说明详细原因,请求别人的谅解。

第九,请别人监督。

每个人身上都存在惰性,如果身处一个完全没有监督的环境,很容易滋生懒惰和拖延的恶习。读书时,每年的寒暑假,你总有很多计划,可最终实施的可能寥寥无几。为什么?因为缺少监督。别人的监督对自己的行动有一种促进的作用,当你知道其他人正关注着你的行为,就会产生压力,害怕自己做不好而丢脸。

别自卑！ 让自己有成就感

如何让工作更有乐趣,工作的时间能够被利用得更好？找到成就感是其中的一种方法。

有不少人对自己所从事的工作还有些许的自卑,有的认为自己赚的工资不高,有的觉得职务比较低,其实这些都没有必要。

回头看自己的时候,多找找闪光点,寻找自己最接近成功的那一瞬间,并在这样的精神鼓励下努力向前。

迟杰是通过校园招聘进入公司的,和他一起进来的同事中,只有他来自非重点大学。

大家自然比较看重那些来自重点大学的同事,很多事情也会找他们去做。这让迟杰相当自卑,觉得自己在同事中很没有地位,产生了很大的失落感。但迟杰暗暗地告诉自己,如果这个时候懦弱了,伤心了,那自己就真的输了,必须相信自己,这样才能赢在最后。

工作了半年之后,迟杰的工作能力显著提高,他不仅能够做好自己的工作,而且还能对公司提出一些有价值的建议。不仅同事们对他刮目相看,而且他也越来越受到领导的重视。

迟杰克服了心理上的自卑感，在困难面前积极地调整自己，没有让自己一直沉溺在失败感中。做一个快乐而自信的职场人，就应该将所有失败感抛到一边，专心致志地提高自己工作时间的价值。

自卑如同效率的杀手，会把你的注意力转移到没有用的领域去，导致你的工作业绩迟迟不能上升。

第一，学会赞美自己。

即使你是默默无闻的工作者，甚至是身边同事还不能接受的新人，你也一样没有任何理由自卑。

学会在工作中寻找自己的优点，比如，成功地做完一件即使普通的事情，也可以为自己打气加油："你学会了！"这不是盲目乐观或者自欺欺人，而是培养自己成功的感觉，并将这种感觉用于指导自己提高工作效率。

第二，用善意眼光看他人。

自卑者往往认为世界上所有人都对自己有恶劣的印象，其实很多情况下别人并没有时间观察和评价你。学会用善意的眼光看待他人，比如，作为公司的新人，有时候被同事开玩笑或者指点，甚至被批评、呵斥，都是很正常的事情，用不着自卑。

第三，勾画更好形象。

勾画出更好的未来形象，是解决自卑的最重要途径。当你对美好形象的"想象"越来越清晰时，你对正面信息的肯定程度也就越来越深，工作也会越来越靠近成功，并最终实现这样的"想象"。

第 **10** 章

效率达人的六种武器

　　想要提高效率,除了合理的思维方法,还离不开各种各样提高效率的小工具。从顺手可得的办公用品,到让工作变得简单的可重复资料,每一种小小的工具,都是效率达人战胜工作困难、提高工作效率的必备武器。

小小便利贴，收获高效率

便利贴，在大大小小的超市或者文具店都能看到，是许多职场人必备的办公产品。用好便利贴，能大大提升你的工作效率。

> 乔怡是公司的秘书，平时工作多、电话多、突发事情也多。有时候，她在忙着自己的工作，领导或者同事会过来跟她交代一个事情，还常有客户前来咨询或者洽谈业务。乔怡每天都在各种繁琐的事情之间穿梭。
>
> 同事都很佩服乔怡，因为工作真的是太乱太杂了，但是乔怡依然可以按部就班地完成。其实有个小东西帮了她不少忙，那就是便利贴。
>
> 乔怡很喜欢这个小东西，因为它可以随时记录突发事情，而且还可以顺手贴到办公桌前的挡板上，便于观看。乔怡会把手头的工作都注明在便利贴上，比如工作的时间、地点、内容或者一些注意点。每完成一个就做一个记号。在下班前，她会查看工作是否都已经完成，然后把完成的全部从挡板上摘下来，留出地方第二天再用，而没有完成的工作第二天也不会忘记。

这个小方法,不仅让乔怡很好地提高了工作效率,也让她的工作越做越出色。那么,你会使用这个小小的不起眼的产品吗?

第一,时刻保持便利贴的充足。

既然是便利贴,就应该给我们的工作带来方便。真正会高效利用便利贴的人,一定会事先将它们准备充足,当你想用的时候就可以从抽屉中拿出来,而不必到处去寻找。

第二,选用不同颜色的便利贴。

不同颜色的便利贴,可以保证记录在上面的事情一目了然。

为便利贴选择不同的颜色,既可以用来区分事情的来源,也可以区分事情的轻重缓急。

当然,颜色的选择不要过多,否则连自己都记不清颜色的含义,反而是画蛇添足。

第三,及时更新你的便利贴。

记得及时更新你的便利贴,因为工作任务总在不断地进展和更新,已经贴出去的便利贴一旦跟不上工作节奏的变化,就会变成一张废纸,甚至反过来分散你的注意力,浪费时间,降低效率。

第四,不要过滥使用便利贴。

不要让桌面、隔板和电脑上到处都是你的便利贴,即使你日理万机,恐怕也没必要让小纸片到处飞扬。

更重要的是,过多地使用便利贴会带来"不便利"。比如,你将很难从一大堆便利贴中发现究竟哪些事情需要紧急处理。

办公工具箱，桌上的守护神

　　早在几百年前,中国的知识分子就已经学会用折叠式文具箱来管理自己的办公用品;不少现代的白领却没有养成良好的习惯,一方面是因为他们没有意识到,另一方面也是缺乏顺手的"道具"。

　　小 N 在行政部工作,公司大大小小的文件、报表和计划书等,有不少要经过他的手,自己也有相应的任务要完成。但是,小 N 经常发现自己在关键时刻找不到办公用品。由于行政部办公室里人来人往,不少同事会借用各种各样的文具,比如笔、订书机、胶水、直尺、别针等。但他们有的是因为忙碌,有的是因为记性太差,常常有借无还。结果,无形中给小 N 带来了很多烦恼。

　　还好,小 N 不久就得到了一个帮手——朋友赠送的——一套办公文具盒。里面分门别类地准备了多种办公用品,从打孔机到订书针,一应俱全。这样,小 N 感觉桌上的办公用品有了守护神,东西很少再会有去无回了。

如何为我们桌上增加更多的守护神？

第一，巧用收纳袋。

有时候，办公室的空间比较狭小，你会发现自己的办公用品在桌面已经放不下了，而全部堆在那里又会显得很凌乱。这时候，你是否意识到墙面或者隔板上也可以做做文章？不妨买两三个收纳袋，用挂钩将它们悬挂起来，这样，小东西可以顺手放在收纳袋里，既不占地方，使用起来也非常方便。

第二，给抽屉编上号。

为抽屉编号是很好的习惯，这样可以避免工作者顺手将某件东西塞到某个抽屉，需要时到处乱翻的尴尬局面。比如，我们可以为抽屉编上"个人"、"部门"和"公司"的编号，并根据内容的多少来选择相应大小不同的抽屉。

固定化资料，支持相似报告

工作中，我们经常会面临一大堆表格或者文字材料需要填写的情况。

一方面，填写这些表格和材料对于企业、部门都相当重要，汇总的数据和信息将对企业的决策具有相当重要的意义；但另一方面，如果将大量的时间花费在填表或者写材料上，工作者花费在要事上的时间也会减少。

> "周凯，年底考核到了，每个人上交一份个人述职报告。"上级特地和周凯布置了这件工作，然而，周凯正忙得不可开交，一会儿就将这件事情忘记了。
>
> 下午6点，周凯终于将事情处理得差不多，眼看办公室的灯一盏盏灭了，他关上电脑，准备收拾东西，突然想起来，自己的述职报告还没有做。
>
> 重新打开电脑，在各个文件夹里面到处乱翻，想找到去年的述职报告。可是一年过去了，文件不知道放在了哪里。想到自己当时没有留下一份复印件，周凯有些懊悔。
>
> 于是，周凯留下来加了两个小时的班，写好了一份述职报告。等吃到晚饭的时候，已经是晚上8点30分了。

周凯的问题,相信不少工作者都曾经碰到过。类似的资料却要反复起草、修改,为什么我们不能选择更简便的方法呢?

第一,"通用"型材料要保留。

作为企业中的职能部门,我们经常会发现提交的材料存在重复之处,甚至往往就是相同的表格或者报告。

因此,我们应该保留"通用"的材料。比如,本部门的固定资产表、本部门的人员履历表、岗位职责等。这些材料往往每年大同小异,或者略有修改,需要时不妨在原有基础上进行修改,以减少重新起草需要的时间。

第二,搜集可借鉴的材料。

我们也应该注意搜集一些可供借鉴的材料。

比如,其他同事的相关表格和报告,来自其他部门的数据支持等。这些材料虽然不能够直接采用,但对我们有很好的借鉴作用,善于提前准备的工作者当然不会轻易放过这些宝贵资源。

第三,电子版和书面版都应备份。

所有的表格、资料和报告,都应该做好备份。备份包括原件、复印件和电子版。复印件和原件可以分开放置,在需要的时候可以方便地取出;电子版应该在多台电脑或优盘中放置,便于随时调用。

标准化步骤，程序带来好结果

许多制造型企业的工作实践表明，标准化的生产制造步骤，可以极大地提升生产效率。

比如，拧螺丝这个工作，按照标准化的拧紧顺序，和个人随心所欲地拧紧顺序，前者的效率明显高于后者。

在工作中，我们是不是也需要标准化步骤呢？答案是肯定的。

虽然服务型企业的标准化步骤体现得没有制造型企业那么明显，但是，一旦养成标准化的工作习惯，就能够做到由精准的程序来主导行为，效率将明显提高。

第一，制定个人工作制度。

除了企业和部门之外的工作制度，每个工作者也应该为自己制定相应的制度。一方面，制度会起到约束的作用，另一方面，制度也会提升我们的工作效率。

第二，将每天日程规律化。

学会把每天的工作日程规律化，养成习惯，比如，定时整理桌面、定时清理过期的文件等。一旦形成规律，即使是突如其来的工作情况，也难以打乱你的习惯。这样，工作步骤标准化的作用就会显现。

整洁办公室，心情好工作才好

曾经有人统计过，人们每天在办公室的时间基本上同在家的时间相等，也就是说，办公室已经是第二个"家"。

办公环境的整洁程度，无形中会影响到身处其中的工作者的心情，并进一步影响到工作的效率。

身处凌乱不堪的工作环境中，谁会有好的效率呢？而在干净的办公室中，将会受到严谨有序的工作环境的感染，做事也会不由自主地讲究秩序。我们不要求将办公室布置得如同星级宾馆一样，但必须整洁、有序，并且能够为工作带来方便。

苏洁是公司的人事主管，她要求人事部保持非常整洁的办公环境。因为人事部经常会有同事进进出出，如果不能保持整洁的环境、给人干净舒服的感觉，工作是没有办法得到同事的信任和支持的。

于是，追求环境整洁逐渐成为人事部员工的日常习惯。很多新进的员工来人事部时，会因为干净的环境而顿时觉得很有亲切感和信任感，也会对公司充满信心。老员工来到人事部的时候，也会因为窗明几净的工作环境而有了一份好的心情，很多事情谈起来也就更融洽了。

苏洁的简单要求，不仅让人事部有了很好的部门环境，在全公司也营造了很好的工作氛围。

第一,布置适当的绿化。

办公室过多的竞争气氛和压力,可能会导致工作者产生疲劳和倦怠的心理感受。

我们可以通过美化办公室的环境,用适当的绿化平复内心的不安,带来更好的专注力。

比如,放置一小盆仙人掌或是芦荟在案头,这样的植物极容易照顾,同时又充满绿意,据说还有抗电脑辐射的作用。

更重要的是,它让整个办公室看起来富有生机,带给人"绿色心情"。

第二,不要放太多的无用物品。

办公室的确需要美化,但办公环境中过多无用的物品又会导致美化过分,反而降低我们的工作效率。比如,很多年轻职场女性喜欢在办公桌上放置一些充满童趣的玩具,从五彩斑斓的水杯到形制各异的玩偶,都被她们用来装点办公环境。但是,这样的物品一两件就行,超过一定的限度,会给人不成熟的感觉,给工作带来不便,无形中降低了效率。

控制小鼠标，逃离无边的网络

当信息大爆炸时代迅速来临的时候，网络已经成为了工作必不可缺的工具。且不说电子商务、即时通讯、电子邮件、企业内网等平台的重要性，就是搜寻一条有关行业的新闻，也离不开那小小的鼠标。

然而，网络时代的到来，对职场人的工作效率也提出了考验：你是否能够拿稳你手中的鼠标呢？

网海无边，存在太多的冗余、无效信息，不经意间，我们往往抵制不住诱惑，浪费了自己宝贵的工作时间，影响了效率。

上午 10 点，陈潇本打算开始做计划中的员工人事档案，忽然，一个桌面弹窗拉走了她的注意力，原来，油价又要提高了。

她点击这个弹窗，观看了一条新闻，顿时忧心忡忡起来。油价上涨，对自己的生活成本也是个冲击：陈潇刚成为有车一族。

顺着这条新闻，陈潇又看了几则背景链接，接着后悔起当时为什么不买辆省油的国产车。这么想着，她搜索了相关汽车产品的报价，开始了解起最新的汽车信息来。

时间一分一分地过去,当陈潇突然明白过来,并将网页关上时,她看到电脑右下角的时间已经接近 11 点了。她懊恼地想,自己为什么总是会被网络拉走本应集中的工作注意力呢?

第一,上网要定时。

办公室电脑是公司提供给员工工作时使用的。即使在工作任务比较少的时间段内,工作者也应该保持对上网时间的有效控制,不能一拿起鼠标就不知道时间的流逝。

为了控制好上网时间,可以自己规定在某个特定时间段浏览一下网页。

比如午饭之后的半小时,或者下班前的 10 分钟简单浏览网页即可。

自控能力差的工作者,最好用闹钟或者定时软件来提醒自己。更强力的方法是采取递减制,即每次上网时间都要比之前少五分钟,这样慢慢就能够解脱"网瘾",将注意力集中到工作上。

第二,合理利用网络资源。

不要在工作时间沉迷于网络中的无聊新闻,学会合理利用网络信息资源,丰富自己的知识,提高自己的工作能力。

职场人可以根据自己的行业选择几个和专业有关的网站,上网主要是去这些网站看看值得学习的知识。同时,职场人应该多去职场类的网站浏览工作经验和处事心理,还可以多看一些时事新闻、经济动态,这些都将丰富自己的常识,有助于我们的成长。

第三,学会关上你的电脑。

职场人应该为自己树立健康意识,懂得减少上网时间,爱

护身体,提高效率。

　　长时间地对着电脑屏幕对于眼睛、颈椎、腰部等都有伤害。在完成一件工作的时候,我们应该提醒自己关上电脑屏幕,站起来活动一下,喝杯咖啡或者和同事聊两句。在让大脑休息的同时,身体也能得到很好的放松。这样,当我们再回到办公桌前,就会觉得更有精力,工作效率也会随之提高。

图书在版编目(CIP)数据

效率达人：让时间更值钱/周文斌,王蓓著. --杭州：浙江大学出版社，2012.6

ISBN 978-7-308-09996-7

Ⅰ.①效… Ⅱ.①周… ②王… Ⅲ.①时间－管理－通俗读物 Ⅳ.①C935－49

中国版本图书馆 CIP 数据核字（2012）第 097860 号

效率达人：让时间更值钱

周文斌 王蓓 著

策 划 者	蓝狮子财经出版中心
责任编辑	徐 婵
出版发行	浙江大学出版社
	（杭州市天目山路 148 号 邮政编码 310007）
	（网址：http://www.zjupress.com）
排 版	杭州大漠照排印刷有限公司
印 刷	浙江印刷集团有限公司
开 本	880mm×1230mm 1/32
印 张	6
字 数	135 千
版 印 次	2012 年 6 月第 1 版 2012 年 6 月第 1 次印刷
书 号	ISBN 978-7-308-09996-7
定 价	25.00 元

浙江大学出版社发行部邮购电话（0571）88925591